25 Flussfahrten

25 Flussfahrten

in der Schweiz

Mit Kanu, Schlauchboot, Paddelboot

Texte und Bilder: Reinhard Lutz

Ein Teil der Flussfahrten ist bereits in loser Folge
in der «Schweizer Familie» erschienen.

2. Auflage 1997

Lektorat: Christina Sieg, Berikon
Gestaltung: Reinhard Lutz, Zürich
Karten: Roland Bürgi, Oberglatt

ISBN 3 85932 228 1

Das Flussfahren als Freizeitbeschäftigung hat in den letzten Jahren einen ungeahnten Aufschwung erlebt. Im ganzen Alpenraum und auch auf anderen Kontinenten wird das aus den USA kommende Riverrafting betrieben. Tatsächlich ist das Kanufahren noch eines der letzten Abenteuer – mit einer neuen Sicht auf die Landschaft. Vom tieferliegenden Blickpunkt aus erlebt man die Natur neu und anders. Kanufahren kennt keine Altersgrenzen, keine Unterschiede der Geschlechter. Mit Kanus kann man reisen oder sie auf Reisen mitnehmen.

Ganze Belegschaften, Sport- und andere Klubs und Familien lassen sich neuerdings als zahlende Gäste – mit Paddelbeteiligung – von Riverrafting-Organisationen auf Schweizer Flüssen «chauffieren». Solche Abenteuerreisen sind selbst in Afrika, Asien, Nepal, Neuseeland, Nord-, Mittel- und Südamerika für teures Geld zu haben.

Sie finden das Flussabenteuer aber auch in nächster Nähe, vor der eigenen Haustür. Natürlich müssen wir am Anfang noch aufs schäumende Wildwasser verzichten. «Flusswandern» heisst unser Sport. Nicht nur tadellose Ausrüstung, theoretisches Wissen und technisches Können sind unabdingbare Voraussetzungen fürs Flussfahren, sondern auch etwas Kraft und eine gute Konstitution. Deshalb gibt es auch Schwierigkeitsgrade.

In diesem Führer sind die lohnendsten und leicht mit Kajaks, offenen Kanadiern und Paddelbooten, zum Teil auch mit Schlauchbooten (ovale Plastikboote) befahrbaren Flüsse beschrieben. Dazu gibt es Informationen über Ausbildungs- und Mietmöglichkeiten und geführte Touren im In- und Ausland sowie eine Übersicht der Riverraftingmöglichkeiten. Aber auch Leute mit Erfahrung und spezieller Schulung kommen auf ihre Rechnung (ab Seite 117).

Kanufahren — wie man dazu kommt

Den Werdegang vom «Greenhorn» zum perfekten Kanuten kann man sich so vorstellen:

Riverrafting – der erste Kontakt mit dem Wildwasser.

Geführte Fahrten – erstes Schnuppern unter Anleitung.

Kanumiete – um es auf eigene Faust auf Zahmwasser zu versuchen und das für die persönlichen Ansprüche in Frage kommende Boot zu «testen».

Kanuausbildung – um sich selbständig und sicher auf anspruchsvollen Gewässern bewegen zu können.

Kanus — Fahrzeuge der Naturvölker

Kanu ist der Überbegriff für alle auf Flüssen, Seen und an den Meeresküsten mit Paddeln vorwärtsbewegten Boote. Auf dem See sind es auch Regattaboote – zum Teil mit Rudern bestückt.

Offene Kanadier sind Boote, wie sie von den nord- und südamerikanischen Indianern, den Asiaten und Südseevölkern für Jagd, Transport, Reisen und für den sportlichen Wettkampf auch heute noch benützt werden.

Kajaks benützen die Eskimos zum Jagen. Sie sind mit einer wasserdichten Spritzdecke versehen, welche das Spritzwasser abhält und die «Eskimo-Rolle» ermöglicht. Ohne dieses Wiederaufstellen des Bootes nach einer Kenterung wäre der Jäger im eiskalten Nordmeer verloren.

Kanadier werden mit Stechpaddeln (kniend und zugleich sitzend) vorwärts bewegt, Kajaks werden sitzend mit einem Doppelpaddel gesteuert. Mit diesen schmalen, spitzen Booten (meist Einplätzer) werden heute Wettkämpfe ausgetragen und auf dem Wildwasser hohe Schwierigkeitsgrade gefahren. Ein- und zweisitzige Paddelboote (zusammensetzbare oder aufblasbare Gummiboote) sind auf leichten Flüssen, ebenfalls mit einem Doppelpaddel, in Gebrauch.

Kanuführer

Wer sich über diesen Führer hinaus für weitere Informationen interessiert, kann beim Schweizerischen Kanuverband (Tel. 061/851 20 00) oder auch in Wassersportgeschäften den «Flussführer Schweiz – und benachbartes Ausland» beziehen (22 Fr.). Die meisten Flussfahrten, ausser den bereits hier aufgeführten, sind jedoch für Kajaks und für einen höheren Schwierigkeitsgrad beschrieben.

Kanufahren kann man in den meisten Ländern der Erde. Wanderflüsse (viele mehrtägige Fahrten) im benachbarten Ausland sind in folgenden Führern zu finden (im Buchhandel oder in Wassersportgeschäften erhältlich):

Heinrich Nejedly: «Kanuwandern in Süddeutschland – 30 ausgewählte Flüsse in Bayern und Baden-Württemberg» (BLV-Verlagsgesellschaft).

Wolfgang Steinhäuser: «Die Dordogne/Frankreich» (Syro-Verlagsbuchhandlung).

Martin Schulze: «Allier/Frankreich» (Syro-Verlagsbuchhandlung).

Mason/Gatz/Engel (Kanulehrbuch): «Die Kunst des Kanufahrens – der Canadier» (Verlag Busse Seewald).

Ger Peregrin: «Auf Wasserwegen von der Schweiz zur Adria» (Habegger).

Geführte Flussfahrten und Riverrafting

Welcher Wasserfahrer kennt nicht das mulmige Gefühl in der Magengegend, wenn es weiter vorne auf dem Wasser verdächtig rauscht? Dieses unangenehme Gefühl kann vermindert werden, ohne dass das Abenteuer kleiner wird, wenn man sich einer geführten Gruppe anschliesst. Viele Organisationen stellen die komplette Ausrüstung und führen Tages-, Wochenend- und Wochentouren mit Kanadiern im In- und Ausland durch (Frankreich, Slowenien, Polen, Österreich, Schweden, Türkei, Kanada, Alaska). Der Anschluss an einen örtlichen Kanuklub ist ebenfalls sinnvoll (Adressen über den Schweiz. Kanuverband, Tel. 061/851 20 00).

Ein weitaus risikoloses Flussabenteuer ist das Riverrafting. Wer sich als

Einzelperson, Familie oder Gruppe – ohne eigene Kenntnisse oder Ausrüstung – erfahrenen Bootsführerinnen oder Bootsführern schweizerischer Rafting-Organisationen anvertrauen will, kann den nassen Plausch auf folgenden Schweizer Flüssen erleben: Aare, Lütschine, Rhein, Inn, Reuss, Rhone, Saane, Simme, Vorderrhein (Altersbegrenzungen für Kinder je nach Fluss). Ausser in der Schweiz und Europa wird auch auf anderen Kontinenten geraftet (Afrika, Asien, Neuseeland, Süd-, Mittel- und Nordamerika). Nicht jeder Veranstalter bietet die ganze Palette an (Prospekte anfordern).

Geführte Touren	Riverrafting	
●	●	Adventure Travel, Abtwil, Tel. 071/311 45 56
●	●	Aquaterra, Basel, Tel. 061/743 00 15
●	●	Alpin Raft, Interlaken, Tel. 033/823 41 00
●		Aventura Travel, Uster, Tel. 01/940 17 01
●	●	Berger Wassersport, Herrenschwanden, Tel. 031/302 88 77
●	●	Felix Bernasconi, Valendas, Tel. 081/921 63 27
●		Jörg Eichhorn, Basel, Tel. 061/683 18 80
●	●	Emmental Tours, Sumiswald, Tel. 034/431 21 61
●	●	EXODUS, Chur, Tel. 081/252 47 94
●	●	Eurotrek-Abenteuerreisen, Zürich, Tel. 01/462 02 03
●		Fair Travel, Egg, Tel. 01/984 09 66
●		Intertreck, St. Gallen, Tel. 071/278 64 64
●	●	Kanuschule Versam, Tel. 081/645 13 24
	●	Marina Travel, Bern, Tel. 031/381 45 55
	●	Rafting Company, Einigen, Tel. 033/681 30 81
	●	Rhein Travel, Rüdlingen, Tel. 01/867 06 38
●		Sidka-tours, Wädenswil, Tel. 01/780 78 40
●		Siesta Oppi, Neuenegg, Tel. 031/741 91 92
●	●	Swiss-Raft, Laax, Tel. 081/911 52 50
●		Waldmeier Sport, Mumpf, Tel. 062/873 11 49
●		Wilderness Travel, Wiesendangen, Tel. 052/337 27 86
●		Wildnisschule, St. Gallen, Tel. 071/855 33 01
●		Wisent Reisen, Niederlenz, Tel. 062/892 00 63

Boots- und Ausrüstungsmiete

Wer fürs erste weder ein eigenes Boot noch Ausrüstung besitzt, kann beides in grossen Wassersportgeschäften mieten (fürs Wochenende rund 100 Fr., für eine Woche rund 200 Fr.):
– Aquaterra, Basel, Tel. 061/743 00 15
– Aventura Travel, Uster, Tel. 01/940 17 01
– Berger, Wassersport, Herrenschwanden, Tel. 031/302 88 77
– Canoë suisse, Büren a. Aare, Tel. 032/351 36 66
– Cernia sub, Winterthur, Tel. 052/213 19 30
– EXODUS, Chur, Tel. 081/252 47 94
– Kanuschule Versam GR, Tel. 081/645 13 24
– Kanu Out Door, Thun, Tel. 033/222 20 88
– Kuster Sport, Schmerikon, Tel. 055/282 44 41
– La Canoa, Konstanz, Tel. (0049) 7531/6 01 86
– Luschmann-Kanusport, Uster, Tel. 01/941 19 31
– Probst-Boote, Derendingen, Tel. 032/682 03 03
– Rhein Travel, Rüdlingen, Tel. 01/867 06 38
– Siesta Oppi, Neuenegg, Tel. 031/741 91 92
– Sport Helmi, Adliswil, Tel. 01/710 20 70
– Sport Huber, Konstanz, Tel. (0049) 7531/2 28 79
– Sport Schmidt, Friedrichshafen, Tel. (0049) 7541/2 35 31
– Stünzi Nautic, Thalwil, Tel. 01/720 44 88
– Waldmeier Sport, Mumpf AG, Tel. 062/873 32 28
– Wuillemin, Horgen-Kilchberg,Tel. 01/725 27 15

Miete inklusive An- und Rückreise

In Zusammenarbeit mit den SBB bietet Eurotrek (Tel. 01/462 02 03) An- und Rückreise mit den SBB, Einführung durch Kanuleiter, Benutzung eines Schlauchkanadiers (für 2 Personen), Paddel, Schwimmwesten und Kleidertransport zum Ziel.
Aare: Thun–Bern
Reuss: Bremgarten–Gebenstorf
Thur/Rhein: Andelfingen–Eglisau
Ticino: Osogna–Bellinzona

Flüsse für Fortgeschrittene:
Reuss: Amsteg–Attinghausen
Vorderrhein: Ilanz–Reichenau

Ausrüstungstips

Boote: Kanus (Kanadier) sind in vielen Materialien erhältlich: vom Holz-, Aluminium-, Polyester-, Polyäthylen- (und andere unzerstörbare Kunststoffe) bis zum aufblasbaren Schlauchkanadier. Der Schlauchkanadier ist gut lagerbar und im Auto, Zug oder Bus transportierbar; er ist für hohe Wellen und auch für sportliches Fahren geeignet (ovale Plastikboote sind dies nicht). Es lohnt sich, Prospekte und Bootstypen genau zu prüfen, denn der Preis für die Boote ist nicht billig (900 bis 3000 Fr., Holzmodelle bis zu 6000 Fr.). Gute Boote haben dafür eine lange Lebensdauer. Wichtig ist die Beratung durch Fachleute.

Paddel: Bei neu gekauften Kanadiern ist oft ein Set Paddel inbegriffen. Es lohnt sich aber, diese auf ihre Tauglichkeit zu prüfen. Am leichtesten und robustesten sind geschäumte Paddel mit Aluminiumschaft. Für Benützer öffentlicher Verkehrsmittel sind zusammensteckbare Paddel praktisch.

Schwimmwesten: Es gibt komfortable Westen mit integriertem Sicherheitsgurt für Wildwasser, aber auch einfache Westen für leichte Flussfahrten.

Kleider: Für sommerliche Fahrten auf leichten Mittellandflüssen genügt die Badehose. Doch wer schon im Vorsommer und Frühling unterwegs ist, benötigt eine dünne Neoprenhose (Longjohn, mit Trägern). Dünne, ausgediente Wollpullover und Wollstrumpfhosen halten bei kaltem Spritzwasser (auch bei überraschendem Regen) warm. Baumwollsachen (z. B. Trainer) sind ungeeignet, sie saugen sich voll und kühlen.

Schuhe: Für sommerliche Leicht-Fahrten genügen Badeschuhe oder ausgediente Turnschuhe (gegen Scherben und Gestrüpp). Fürs kalte Wildwasser gibt es (Surf-)Neoprenschuhe. Ein Tip: Neoprensocken (waschbar) in Turnschuhen oder ausgedienten leichten Wander- oder Trekkingschuhen tragen – die besseren Profilsohlen sind nützlich auf glitschigen Steinen und nassem Gras.

Trockensäcke: Plastikabfallsäcke für Picknick und

Auch Kenterungen gehören zum Kanufahren – das ist nichts für Schwimmunkundige und Wasserscheue. Die Nervosität legt sich mit der Erfahrung. Der Respekt vor dem Wasser aber muss bleiben.

Reservekleider sind nur eine Improvisation; sie bekommen schnell Löcher. Perfekt wasserdichte Beutel (z. B. für die Kamera) und Säcke sind in allen Grössen in Wassersport- und Trekkinggeschäften erhältlich.
Rettungssack: Wer Wildwasser fährt, führt einen Wurfsack mit einem 25 Meter langen Seil mit sich, um heikle Passagen abzusichern und um Gekenterte zu fischen.
Helm: Erst für die anspruchsvollen Flussfahrten des hinteren Buchteiles müssen Sie sich mit einem Helm schützen. Aber auch leichte Flüsse lassen keine Kapriolen zu – Kopfsprünge in unbekannte Gewässer sind äusserst gefährlich.

Mehrtagesfahrten

Aare: Thun–Koblenz (Zusammenfluss mit dem Rhein, 4–6 Tage).
Reuss: Luzern–Vogelsang (Zusammenfluss mit der Aare, 2–3 Tage).
Rhein: Chur–St. Margrethen (2 Tage); per Zug oder Kursschiff bis Kreuzlingen oder Stein a. Rhein; bis Schaffhausen (1 Tag); Rheinfall per Zug nach Neuhausen oder Dachsen umfahren; bis Koblenz (2 Tage) oder Basel (2 weitere Tage).
Thur: Bütschwil–Schwarzenbach (1 Tag); die Weiterfahrt bis Frauenfeld –Warth lohnt sich nur bei guter Wassermenge – bis Flaach (Zusammenfluss mit dem Rhein, 2–3 Tage).

METZELER

ABC des Kanadierfahrens

Neben dem «Lesen» des Wassers (Fliessgeschwindigkeit, Strömungen, Wasserstand, Walzen, Wellen, Wirbel), das man sich nach einiger Zeit praktischen Fahrens aneignen kann, ist die Beherrschung des Bootes durch eine gezielte Paddeltechnik nötig:

richtig

richtig

falsch

– Um den Handabstand zu kontrollieren, halten Sie das Paddel waagrecht über den Kopf. Dabei sollen die Ellbogen einen rechten Winkel bilden.
– Das Paddel soll so nahe wie möglich am Bootsrand entlang gezogen werden.
– Paddel so weit wie möglich vorne ins Wasser setzen. Der untere Arm (Zugarm) sollte gestreckt, der obere Arm (Druckarm) dagegen in Augenhöhe angewinkelt sein.
– Die obere Hand steuert das Paddel. Die untere Hand umschliesst locker den Schaft. Achten Sie darauf, dass der untere Arm gestreckt bleibt.
– Entwickeln Sie die Kraft aus dem ganzen Oberkörper, aus der Drehung der Schultern, nicht nur aus den Armen.
– Der obere Arm unterstützt die Schulterdrehung, indem er nach vorne gestossen wird.
– Paddel so weit wie möglich nach hinten bewegen. Paddel aus dem Wasser heben und wieder nach vorne bringen.
– Der kräftigere (schwerere oder geübtere) Paddler sitzt auf dem Hintersitz. Er ist der Kapitän und bestimmt die Fahrtrichtung. Bei jedem Schlag steuert er, mit einer leichten Drehung nach aussen, das Boot geradeaus.
– Ein Paddler paddelt auf der linken, der andere auf der rechten Seite (nie auf der gleichen Seite).
– Wechseln Sie alle 5 bis 15 Minuten die Seite.

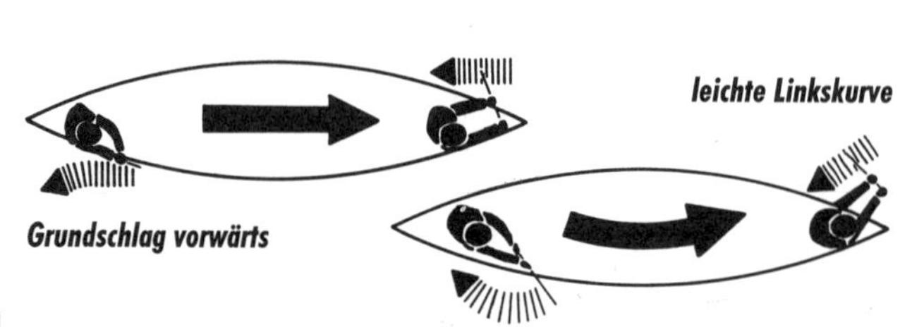

leichte Linkskurve

Grundschlag vorwärts

Schweiz – Wasserschloss Europas

Die Schweiz verfügt mit dem Wasser über ihren einzigen nennenswerten Bodenschatz. Damit ist sie jedoch auch führend in Europa: Etwa 6 Prozent der europäischen Süsswasservorräte lagern in ihren Grenzen, auf nur 0,4 Prozent der Fläche des Kontinents. Allein die Niederschläge (rund 1,5 Meter pro Jahr, doppelt soviel wie im Durchschnitt Europas) liefern jährlich Süsswasser im Wert von rund 100 Milliarden Franken. Mit kleinen Ausnahmen (etwa für den Bau von Stauseen) ist das Wasser gewissermassen gratis in Schweizer Besitz gekommen (260 Kubikkilometer). Vier Fünftel davon lagern oberirdisch und sind daher sehr genau erfassbar: Da ist einmal der Wasserinhalt der Seen (rund 132 Kubikkilometer), dann der Wasserinhalt der Stauseen (rund 4 Kubikkilometer) und das in Gletschereis gespeicherte Wasser (rund 74 Kubikkilometer). Das restliche Fünftel lagert unsichtbar unterirdisch als Grundwasser (rund 50 Kubikkilometer). Nicht weniger als 5000 Kubikkilometer Wasser lagern unterhalb der Grundwasserzone in grossen Tiefen oder in sehr engen Poren und Klüften der Untergrundgesteine.

Nach dem langfristigen Durchschnitt betragen die Erträge im Jahr rund 60 Kubikkilometer aus dem Niederschlag sowie 13 Kubikkilometer aus dem Zufluss über die Landesgrenzen in die Schweiz. Die Aufwendungen betragen rund 20 Kubikkilometer Wasser, das innerhalb der Landesgrenzen verdunstet, und rund 53 Kubikkilometer, die über die Landesgrenzen hinaus in den Rhein, in die Rhone, in die Donau, den Po und die Etsch abfliessen.

Die Elektrizitätserzeugung aus dem Bodenschatz Wasser spielt in der Schweiz eine grosse Rolle. Die negative Seite für Flussfahrer: Rund 90 Prozent der schweizerischen

Fliessgewässer sind dafür angezapft oder sogar trockengelegt. Das politische Gerangel um ein Gewässerschutzgesetz mit vernünftigen Restwassermengen dauerte Jahre.

Umstritten: Neue Rhonekraftwerke

Nach dem Willen der Hydro-Rhône SA sollen zwischen Siders und Lavey zehn neue Flusskraftwerke gebaut werden. Die gesamten Kosten belaufen sich auf etwa eine Milliarde Franken, und die Kraftwerke sollen im Jahr 700 Millionen Kilowattstunden erzeugen, was knapp der Hälfte der Produktion des Grande-Dixence-Werkes entspricht. Die Planung hatte bereits 1960 begonnen, die Realisierung wurde aber aus Gründen der Wirtschaftlichkeit hinausgeschoben. Das umstrittene Projekt der Hydro-Rhône SA hat sowohl in Landwirtschafts- und Umweltschutzkreisen als auch bei Vertretern von Industrie und Elektrizitätswirtschaft heftige Diskussionen ausgelöst. Auch auf dem «Alpenrhein» waren neue Kraftwerke geplant.

Der wichtigste Fluss der Schweiz

Genf und Basel-Stadt sind die einzigen Kantone, die kein Wasser in die Aare liefern, dafür erhält sie welches sogar aus Frankreich. Auf ihren 295 Kilometern Länge strömt die Aare aus den Alpen durch das Mittelland und durchbricht den Jura. Stellt man auf die durchschnittliche Abflussmenge ab, wird der Rhein (bei Basel 1028 m^3/sec) durch die Aare (bei Stilli 557 m^3/sec) etwas mehr als verdoppelt. Die unterhalb von Brugg einmündenden Flüsse Reuss und Limmat (bei Vogelsang und Stilli) führen zusammen etwas weniger Wasser als die Aare.

Während Jahrhunderten lebten die Leute von Stilli vom Wasser. Sie steuerten Flösse nach Laufenburg, betrieben eine Fähre über die Aare, beförderten bayrisches Salz nach Brugg hinauf, Korn die Limmat aufwärts nach Zürich, verschiedene Güter auf der gefürchteten Reuss nach Luzern. Daneben bauten sie Kähne und betätigten sich als Fischer. Die fast hundertprozentige Ausrichtung auf Erwerbstätigkeiten am und auf dem Wasser zeigt auch der Gemeindebann. Er erstreckt sich über drei Kilometer längs des Ufers, ist aber nirgends breiter als zweihundert Meter. 1902 wurde das Kraftwerk Beznau gebaut und dadurch die Flösserei verunmöglicht. Zwei Jahre später wurde eine Brücke erstellt, die das Aus für den Fährbetrieb zur Folge hatte.

Romantische Wasserstrasse
Auf dem Rhein fuhren während Jahrhunderten Kaufleute aus Schaffhausen und Zürich hinunter an die Zurzacher Messe. Kaiserstuhl war ein beliebter Etappenort in einer Epoche, während der sich die Geschäftswelt für den Besuch einer mitteleuropäischen Messe mehr Zeit nahm als heute für ein mehrtägiges Meeting in Tokio. Minnefensterchen und -balkönchen an Häusern «Im süssen Winkel» des schönen Städtchens Kaiserstuhl erinnern an vergnügliche Stunden der damaligen «Spesentouristen».

Zurzach, keltische und befestigte Römersiedlung und Pilgerort, wurde zum renommierten europäischen Messeort. Schon um 1300 wird Zurzach wegen seines Handelsverkehrs erwähnt. Lütticher Leder, Londoner Tuch (Löntsch), Gewürze, Bilder, Bücher, Pelze, Spitzen, Strümpfe, Silberwaren, Elsässer Weine und vieles mehr wurden in Zurzach aufgefahren. Ruinen des römischen Kastells, die Stiftskirche St. Verena, breite Marktgassen und Messehäuser mit Innenhöfen und Magazinen erinnern an die grosse Vergangenheit. Mit dem Aufkommen der Eisenbahn verloren ab Mitte des letzten Jahrhunderts die Zurzacher Messen an Bedeutung. Vor rund einem Vierteljahrhundert wurde eine Thermalquelle angebohrt. Zurzach wurde zum Badeort.

Schweizer Flüsse und deren Namen
Der Rhein fliesst in den Bodensee, die Rhone in den Genfersee, die Reuss in den Vierwaldstättersee, die Aare in den Brienzer- und Thunersee, der Tessin

in den Langensee. Alle die Flüsse behalten den Namen auch unterhalb der Seen. Aber als Linth fliessen die Wasser aus dem Glarnerland in den oberen Zürichsee – und verlassen ihn als Limmat. Ein schweizerisches Unikum, das bisher einer Erklärung harrt.

Kraftwerksmuseum Ottenbach

Wer sehen möchte, wie aus Wasserkraft Strom wird, wie von surrenden Transmissionsriemen transportierte mechanische Energie in elektrische umgewandelt wird, der sollte nach Ottenbach gehen. In der Ämtler Gemeinde an der Reuss steht eine einst zur Seidenstoffweberei A. F. Haas gehörende Turbinenanlage aus der industriellen Pionierzeit.

Ganz früher trieb hier ein Wasserrad am Reusskanal direkt erst eine Getreidemühle und danach die Webstühle der Seidenstoffweberei. Zwischen den Jahren 1836 und 1920 wurde dann das Kleinkraftwerk, das immerhin 350 Webstühle mit Energie versorgen musste, eingerichtet. Das Kernstück der Anlage ist die dritte einer ganzen Reihe von stets grösseren Francisturbinen. Das jetzige Werk entspricht dem technischen Endstand von 1920.

Die Turbinenanlage gehört seit 1977 dem Kanton, bis 1975 war sie noch für die Produktion von Lichtstrom in Betrieb. Sie wurde aus Mitteln des Natur- und Heimatschutzfonds gekauft. Im Auftrag der Kantonalen Denkmalpflege und des Amtes für Raumplanung wurde die Anlage restauriert und steht der Öffentlichkeit für Besichtigungen zur Verfügung.

Der besondere Reiz dieser für Laien halbwegs nachvollziehbaren Technologie besteht wohl darin, dass all die Apparate und Maschinen nicht in musealer Stille herumstehen. Die Anlage kann in voller Funktion gezeigt werden. Die Ottenbacher Turbine ist auch imstande, für Stromeinspeisung ins Netz der EKZ zu sorgen. Vorführungen (für grössere Gruppen) nach Voranmeldung, Tel. 01/261 54 61.

In Baden ist an der Limmat ebenfalls ein Kraftwerksmuseum zu besichtigen (siehe Seite 61).

Die totale Breite des Rheinfalls misst 150 m, die Tiefe des Rheinfallbeckens 13 m. Die mittlere Sommerabflussmenge beträgt pro Sekunde 700 Kubikmeter.

Europas grösster Wasserfall

Ursprünglich (vor ca. 20 000 Jahren) gab es noch keinen Fall, der Rhein floss als Fluss vom Bodensee her Richtung Norden. Durch die Vergletscherung wurde das Flussbett zugedeckt und der Flusslauf verändert. Mit dem Rückgang der Gletscher nahmen die abfliessenden Wasser etwa 500 m oberhalb des heutigen Falles einen neuen Verlauf. Den Vertiefungen im Moränengebiet folgend, wandte sich der junge Rhein weiter nach Süden, bis er durch das Kalkgestein oberhalb des Schlosses Laufen neuerdings zur Richtungsänderung gezwungen wurde und dann wieder ins alte interglaziale Rheinbett geriet. Da mit dem Gletscherrückgang und der Ablagerung des aus den Alpen hergebrachten Geschiebes im Bodensee einerseits und dem geringen Gefälle des Flusslaufes anderseits die Erosionstätigkeit des Rheines auf ein Minimum beschränkt wurde und die Kalkfelsen oberhalb des heutigen Falles mehr Widerstand boten als der Rinnenschotter im alten Rheinbett unterhalb desselben, vermochte der junge Rhein diesen wegzuräumen und sein altes Bett zu säubern. So entstand vor rund 6000 Jahren die starke Höhendifferenz von 21 Metern.

Verantwortlichkeit: Alle Flussfahrten wurden vom Autor persönlich unternommen. Die Angaben wurden nach bestem Wissen zusammengestellt; sie können sich den Umständen entsprechend aber jederzeit ändern. Flussfahrer tragen für ihr Unternehmen die volle Eigenverantwortung, sich zu informieren und ihr Können sowie Wasserstand und Schwierigkeitsgrad richtig einzuschätzen. Eine Haftung von Autor und Verlag bei Unfällen kann nicht geltend gemacht werden.

Sicherheit: Die (Schmelz-) Wassertemperaturen sind zum Teil bis weit in den Sommer hinein tief. Vor allem nach heftigen Regenfällen kann sich die Wassermenge während der Fahrt ändern. Bei Hochwasser die Fahrt nicht antreten, sondern abbrechen, auch wenn der Fluss täuschend harmlos erscheint. Lieber einmal zuviel als ein entscheidendes Mal zuwenig umtragen. Nie alleine fahren. Jedes Boot und auch jede «Flotte» hat einen verantwortlichen und erfahrenen «Chef». Während starke und von Könnern gesteuerte Boote bestimmte Stellen befahren dürfen, müssen Anfänger umtragen.

Schlechte Schwimmer und Kinder (müssen schwimmen können) tragen Schwimmwesten. Babys haben im Boot nichts verloren. Das Schwimmen in der Strömung braucht viel bessere Voraussetzungen als in einem harmlosen Schwimmbad.

Fliessgewässer sind gefährlich: Kollisionen mit Hindernissen können leicht Bewusstlosigkeit des Gekenterten zur Folge haben. Ein Tip: Machen Sie vor einer Fahrt im seichten Wasser eine «Probekenterung»! Das Mitführen einer kleinen Apotheke und von Sonnen- und Insektenschutzmitteln ist Pflicht. Brillen mit einem Bändel befestigen.

An- und Rückreise: Nicht alle aufgeführten Flüsse können mit öffentlichen Verkehrsmitteln erreicht werden. Wo dies möglich ist, sind bei Bahn und Bus nach dem Signet □ die Fahrplanfelder des offiziellen Schweizerischen Kursbuches angegeben. Obwohl auch Kanadier bis zu fünf Meter Länge von den SBB transportiert werden, ist die Reiseart mit den öffentlichen Verkehrsmitteln mehr oder weniger nur mit aufblasbaren oder zusammensetzbaren Booten praktikabel.

Reist man mit dem Auto, stellt sich die Frage: wie zurück zum Fahrzeug? Es ist unsinnig, viele Kilometer weit mit mehreren Autos zu fahren, um an Ort und Stelle die Fahrzeuge verschieben zu können. Vielen Flüssen entlang fahren Bahnen oder Postautos, mit denen man dies ebensogut erledigen kann. Wichtig: Fahrpläne zu Hause studieren und einen Zeitplan aufstellen. Ausserdem kann man ein Velo am Ausstiegsplatz abstellen und dann mit diesem zum Auto zurückfahren (der Schlüssel bleibt mit Vorteil in einem Versteck am Auto). Autostopp ist eine weitere Möglichkeit.

Fahrzeit: Als Faustregel gilt: fünf bis sieben Flusskilometer pro Stunde mit paddelbaren Booten. Die Zeiten können sich verschieben, je nach Wasserführung, Bootstyp, Einsatz der Muskelkraft und Zuladung (Gepäck, Kinder). In Staubereichen kann das Wasser zum Stillstand kommen, so dass z. B. Schlauchboote mit schlecht ausgerüsteten kleinen Paddeln nur mühsam weiterzubewegen sind. Die für solche Boote geeigneten Flüsse sind speziell erwähnt.

Flusscharakter: Als technisch anspruchsvoll sind Flüsse oder Abschnitte eingestuft, für die es bereits einige Erfahrung braucht. Die Steuertechnik muss beherrscht werden, da zum Beispiel Felsen (Verblokkung) umschifft oder bestimmte Durchfahrten angesteuert werden müssen. Walzen mit Rücksog entstehen hinter künstlichen Schwellen oder Wehren, auch hinter überspülten Felsen. Bei hohem Wasserstand fliesst das Oberflächenwasser in einer Rundbewegung immer wieder zurück und erschwert somit die problemlose Passage. Die Gefahren auf einem als «leicht» eingestuften Fluss durch Wehre und Brückenpfeiler dürfen nicht unterschätzt werden. Künstliche Wehre sind meist über die ganze Flussbreite errichtet und dienen der Stauung oder Wasserableitung – meist zur Elektrizitätsgewinnung. Sie gelten als unfahrbar, die Ausbootstellen (Pfeil) sind signalisiert (Tafel rot/weiss/rote Querbalken = verbotene Fahrtrichtung). Oft stehen Bootskarren beim Umtragen zur Verfügung. Obwohl das Wasser vor Wehren in der Regel langsam fliesst oder steht, gilt der Grundsatz: besser zu früh ausbooten, keine Nervosität! Beim Anlanden Strömung berücksichtigen.

Wasserstands-Telefon des Schweiz. Kanuverbandes: 061/601 20 28; die dazugehörende Pegelliste kann über Tel. 061/851 20 00 bestellt werden.

Befahrbarkeit: In der Regel werden Flüsse wegen der wärmeren Aussentemperaturen und der guten Wasserführung im Sommerhalbjahr befahren; die vom Schmelzwasser abhängigen Flüsse nur im Frühling (Schmelze kann sich verschieben) oder nach längeren Regenfällen. Dafür sind an schönen Föhntagen selbst im Spätherbst Fahrten auf Mittellandflüssen, umrahmt von buntem Laub, genussvoll. Im Winterhalbjahr sind die Wassermengen jedoch geringer, langsam fliessend, Staubereiche sind länger. Auch im Winter, bei Eis und Schnee, lassen sich mit angepasster, warmer Kleidung romantische «Eskimo»-Fahrten durchführen.

Picknick/Camping: In der Schweiz ist wildes Zelten generell verboten, und das Verbot wird da und dort (Tessin) rigoros durchgesetzt. Befolgt man streng gewisse Regeln, darf man es wagen, ausserhalb eines Campingplatzes für eine Nacht sein Zelt aufzuschlagen oder eine Hängematte aufzuspannen. Bei privatem Terrain unbedingt den Eigentümer um Erlaubnis bitten. Auf öffentlichem Grund (Uferbereich oder zwischen Dämmen) die Natur schonen. Wo vorhanden, feste Feuerstellen benutzen. Neue Feuerstellen nur mit genügendem Abstand von Bäumen und Schilf errichten. Glut vollkommen löschen oder mit Erde zudecken. Rast- und Lagerplätze komplett aufgeräumt verlassen, Fäkalien vergraben.

Gemütlich auf langen Wanderfahrten: Picknicks mit Grillfeuer an idyllischen Ufern; die Plätze sollten sauber verlassen werden.

Orientierung: Jedes Jahr ereignen sich auf als harmlos geltenden Flussfahrten Unglücksfälle mit tödlichem Ausgang, weil grundlegende Regeln nicht befolgt wurden. Die in diesem Buch vorhandenen Streckenkarten dienen nur als grobe Orientierung. Für die Touren selbst empfehlen wir die offiziellen Landeskarten im Massstab 1:50 000 des Bundesamtes für Landestopographie. Es gibt eine präzise Gewässerkarte des TCS (in Wassersportgeschäften), die Angaben über Gefälle und Schwierigkeitsgrade enthält. Das Kartenstudium ersetzt jedoch das Rekognoszieren nicht. Natürliche Ursachen und menschliche Eingriffe (Baustellen) können kurzfristig Änderungen zur Folge haben.

Der schonende Umgang mit der Natur und die Beachtung behördlicher Ver- und Gebote (Naturschutzgebiete, Fahrverbote usw.) sind Ehrensache. Das rücksichtsvolle Nebeneinander mit den Fischern sollte selbstverständlich sein.

Leicht bis technisch anspruchsvoll, auch für Schlauchboote – durch eine geschützte, dichtbewachsene Urlandschaft

Fahrt auf einem Dschungelfluss

An- und Rückreise
Mit den SBB bis Aarberg (□ 251) und ab Büren a. Aare (□ 415). Mit dem Auto: Parkplätze bei Ein- und Ausstieg beschränkt.

Fahrzeit
Aarberg–Büren a. Aare rund 3 Stunden (15 km).

Flusscharakter
Mässige Strömung, schmaler Flusslauf mit zahlreichen engen Windungen (evtl. mit querliegenden Bäumen und Büschen). Wasser mässig sauber, kalt.

Befahrbarkeit
Ganzjährig befahrbar, ausgeglichene Wassermenge (reguliert).

Picknick/Camping
Viele Möglichkeiten am Ufer (Naturschutzgebiet). Zwei Campingplätze in Meinisberg.

Orientierung
Karte der Landestopographie, Blatt 233 Solothurn, 1:50 000.

Sehenswertes
Aarberg, Büren a. Aare.

In schmalen Kurven schlängelt sich die Alte Aare durch eine sattgrüne Dschungellandschaft.

Wir gleiten durch Galeriewälder, fast wie im Dschungel. Dabei paddeln wir durch eine hochindustrialisierte Region und auf einem Fluss, der beinahe die halbe Schweiz entwässert. Die Fahrt auf der Alten Aare von Aarberg nach Büren an der Aare bestätigt einmal mehr, dass man vom Wasser her eine Gegend aus einer neuen und ungewohnten Perspektive kennenlernt.

Bei der Aarberger Zuckerfabrik, wo der Hagneckkanal vom alten Aarelauf abzweigt, haben wir die Boote gewassert. Wir fahren unter der Eisenbahn-, der alten Holz- und einer modernen Brücke durch und passieren das Städtchen. Der Verkehrslärm bleibt hinter uns, und um die Stille nicht zu stören, bewegen auch wir uns beinahe lautlos. Träg und trüb treibt das Wasser zwischen dichtem Gebüsch und Uferbäumen durch, deren Kronen sich berühren. Aufgeschreckte Enten flüchten, aus dem Grün klingt das «Düdüdlü» eines Pirols. Bestimmt liesse sich Seebär und Hauptfigur aus Karl Mays «Schloss Wildauen», Peter Polter, kielholen, behaupteten wir, aber wir befinden uns im bernischen Seeland und nicht auf einem echten Urwaldfluss.

Ganz so unrecht hat Peter Polter nicht, denn wie ein Dschungelfluss hat auch die Alte Aare ihre Tücken. Gestürzte Bäume liegen im Wasser, und tiefhängende Äste erheischen vom Wasserfahrer Bücklinge, gewissermassen vor der hier geschützten Natur. Gerade vor uns hat sich eine Basler Familie zu spät an die fällige Reverenz erinnert: Der offene Kanadier verfängt sich an einem Ast und kentert. Die Besatzung, vorbildlich mit Schwimmwesten ausgerüstet, planscht pustend im Wasser und dirigiert den Kahn ans Ufer.

Trotz der schwachen Strömung erfordert die Alte Aare auch vom erfahrenen Paddler Konzentration, um die Hindernisse zu umschiffen. Bremsen verleiten dazu, die «Schaufel» fahrenzulassen, ausser man imprägniere sich immer wieder mit Insektenschutz. Eben – Dschungel total. Aus versteckten Plätzen am Ufer steigen Rauchfahnen hoch, der Duft von gebratenen Würsten

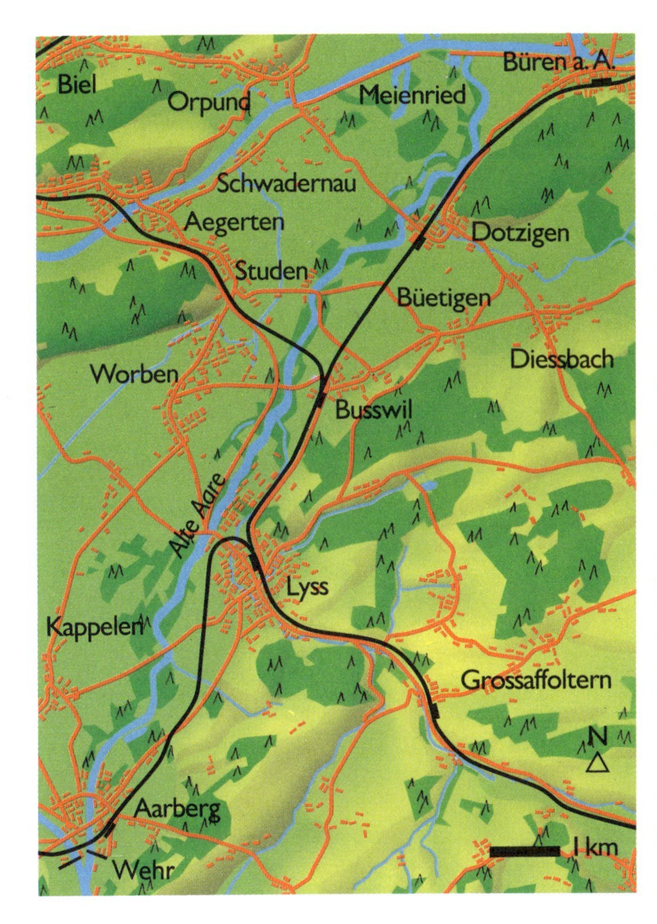

Zugbenützer können ihr Boot unweit des Bahnhofs bei einer Strassenbrücke wassern. Einstieg für Autobenützer zwischen der Zuckerfabrik und dem Aarekraftwerk. Um Büren zu erreichen, wird die Fahrt bei Meienried (P) auf dem Nidau-Kanal der Aare fortgesetzt. Rechts beim Bootssteg ausbooten. Bahnbenützung zum Autoverstellen (in Lyss umsteigen). Die Fahrt auf der Aare kann fortgesetzt werden.

zieht über das Wasser. Wir unterdrücken die aufkeimende Esslust und paddeln weiter. Zwei Brücken kurz nacheinander signalisieren uns Lyss. Von der Betriebsamkeit des grossen Industriedorfes spürt der Wasserfahrer nichts. Die Alte Aare windet sich weiterhin durch eine urtümliche Landschaft.

Bäume, Dickicht und hin und wieder Schilfsäume schirmen den Kanuten vom Getriebe des 20. Jahrhun-

Das alte Städtchen Büren an der Aare mit seinen historischen Gebäuden ist einen Bummel wert.

derts ab und vermitteln Eindrücke von einem Seeland wie aus den Zeiten vor den Juragewässerkorrektionen. Damals haben Schneeschmelze und ausgiebige Regenfälle grosse Flächen des Seelandes immer wieder unter Wasser gesetzt. Die Umleitung der Aare via den Hagneckkanal in den Bielersee, die Verbindung des Murtensees mit dem Neuenburgersee sowie ein ganzes Netz von Entwässerungskanälen verhindern heute katastrophale Überschwemmungen. Die Alte Aare führt vom Frühling bis in den Herbst dank der Korrektionen praktisch gleich viel Wasser.

Unterhalb von Lyss, etwa bei Streckenhälfte, entdecken wir eine kleine Lichtung als geeigneten und auch idyllischen Picknickplatz. Nach ausgiebiger Rast schlängeln wir uns weiter in amüsantem Slalom zwischen natürlichen Hindernissen durch. Die schon von weitem sichtbare Allee am Ufer des Nidau-Büren-Kanals kündigt das Ende unserer «Dschungelfahrt» an. Bei Meienried mündet die Alte Aare in den künstlichen Aarelauf des Nidau-Büren-Kanals.

Weitere Strecken

Büren a. A.–Kraftwerk Wynau: Auch zwischen der Alten Aare und dem Kraftwerk Wynau ist die Aare auf einer Strecke von 40 Kilometern problemlos und in einer beschaulichen Landschaft ganzjährig befahrbar. Das Kraftwerk Flumenthal ist rechts und das Kraftwerk Bannwil links zu umtragen. Die Umtragestrecke beim Kraftwerk Wynau misst allerdings 400 Meter (ein Bootskarren steht zur Verfügung). Von Büren bis Solothurn – das Wasser ist beinahe stehend – kann aufs Kursschiff umgeladen werden (Tel. 032/ 322 33 22).

Thun–Bern: Die 25 Kilometer lange Strecke zwischen Thun und Bern ist einer der meistbefahrenen Flussabschnitte in der Schweiz. Die Befahrbarkeit ist ganzjährig gewährleistet, das Wasser sauber, kalt. Die Strecke ist leicht, bis auf die «Uttiger-Schnelle» (nach der Eisenbahnbrücke); sie ist nur nach vorhergehender Besichtigung und nur mit dazu geeigneten Booten zu fahren – oder zu umtragen. Einstieg rechts, 100 Meter unterhalb der Eisenbahnbrücke nach dem Bahnhof Thun, in der Nähe der Schwäbis-Kaserne (Stadtdurchfahrt nicht möglich). Ausgebootet wird beim Freibad und Zeltplatz Eichholz (links) in Bern oder beim Marzili-Bad direkt vor der Brücke. Bahnanschluss.
Bei einer Weiterfahrt ist das folgende Schwellenmätteli-Wehr (rechts) zu besichtigen und nur von dazu geeigneten Booten zu befahren – sonst umtragen.
Eurotrek, Telefon 01/ 462 02 03, bietet einen 4tägigen «Aaretrek» von Thun bis Solothum an.

Leicht, auch für Schlauchboote – durch eine interessante Landschaft mit historischen Orten

Mit dem Strom der Aare

An- und Rückreise
Mit den SBB bis Murgenthal (□ 450) und ab Schönenwerd (□ 650). Mit dem Auto: Parkplätze beim Kraftwerk Wynau und in Schönenwerd.

Fahrzeit
Kraftwerk Wynau–Schönenwerd rund 5 Stunden (31 km).

Flusscharakter
Breiter, wenig befahrener, wasserreicher Strom mit dichtbewaldeten Ufern. Zwei Staubereiche mit Wehren. Wasser mässig sauber, kalt.

Befahrbarkeit
Ganzjährig befahrbar. Nach der Schneeschmelze (ca. Mai/Juni) und nach starken Regenfällen starke Strömung.

Picknick/Camping
Viele Möglichkeiten am Ufer. Campingplatz bei Aarburg/Ruppoldingen.

Orientierung
Karte der Landestopographie, Blatt 224 Olten, 1:50 000.

Sehenswertes
Aarburg mit Heimatmuseum, Olten, Falkenschloss Niedergösgen.

Unter der Festung von Aarburg wendet sich die Aare nach links durch einen Jura-Felsriegel.

STOP

Monoton brummen die Turbinen des Kraftwerks Wynau, als wir unsere Kähne über die lange Rampe zum Fluss hinunterschleppen. Kleider, Essen und Trinken werden in wasserfeste Säcke verpackt, in die Boote verladen, und in flotter Fahrt nimmt uns das aus dem riesigen Gebäude strömende Wasser mit. Die Aare ist hier ein breiter, gemütlicher Strom, nur bei Hochwasser und während der Schneeschmelze ist wegen Wirbeln und Kehrwassern grössere Vorsicht geboten als sonst. Die Kähne müssen gut steuerbar sein und mit geeigneten Stechpaddeln vorwärtsbewegt werden können. Das ist vor allem wichtig vor den Rückstaus der Kraftwerke, wo das Wasser beinahe zum Stehen kommt.

Wir lassen uns Zeit beim Paddeln, beobachten über uns kreisende Milane und in den Baumwipfeln sitzende Graureiher. Freundlich winken die Passagiere des Fährbootes beim Wolfwiler Rank. Dann gleiten wir unter der gedeckten über 130 Jahre alten Holzbrücke von Murgenthal durch.

Das Wasser fliesst jetzt – vor dem Stauwehr Ruppoldingen – merklich langsamer. Dies nutzen die Skiffer links und rechts von uns aus: In schmalen Booten rudern sie mit kräftigen Schlägen ihrer langen Paddel durchs trägfliessende Wasser.

Links vor dem Wehr ist die Einfahrt in den Kanal signalisiert. Wir fahren (bei hohem Wasserstand rechtzeitig links halten) ein paar Meter in den Kanal hinein. Da genügend Wasser über das Wehr fliesst, können wir nach kurzem Umheben wieder in den ursprünglichen Flusslauf einbooten.

Mehrmals auf ihrer langen Reise von den Gletschern des Schreckhorns und Oberaarhorns wird die Aare zur Stromgewinnung gezähmt und gestaut. Sie durchfliesst den Brienzersee, den Thunersee, den Wohlen- und den Bielersee und wird oft durch verbaute Ufer in Kanäle gezwängt. Trotzdem bietet der zweitlängste Schweizer Fluss, bevor er bei Koblenz in den Rhein mündet, dem Flussfahrer viele interessante Strecken.

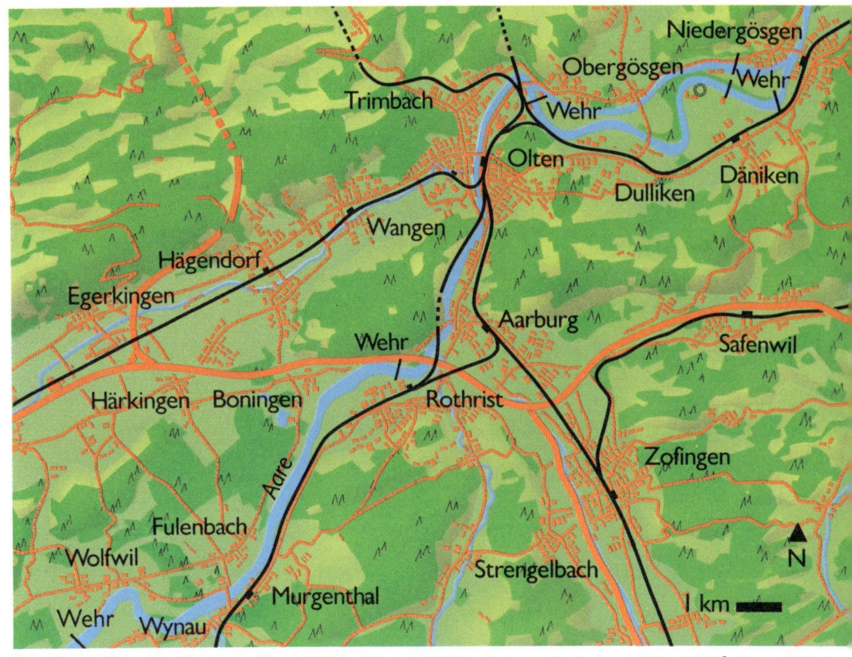

Einstieg beim Kraftwerk Wynau (P) oder in Murgenthal (für Zugbenützer). Ausstieg in Schönenwerd links vor oder nach der Strassenbrücke (P). Bahnbenützung fürs Autoverstellen (nur bis Murgenthal, in Olten umsteigen). Drei Wehre (Achtung beim Wehr im alten Aarelauf!). Die Weiterfahrt auf der Aare ist möglich.

Selbst durch stark industrialisierte Gebiete, wie im Raum Olten, geniesst man dabei ungewohnte Ufer- und Landschaftspartien.

Wir steuern Aarburg an. Unvermittelt stehen nach einer Linkskurve die erhaben über dem Ort thronende Kirche und die Festung vor uns. Unter ihnen bildet der Fluss bei Hochwasser vor der Dammauer ausgedehnte Wirbel. Dann bricht er nach links durch einen Felsriegel des Juras. Gegenüber dem dicht bewaldeten Höhenzug landen wir – Zeit für ein Picknick und einmal mehr Gelegenheit für ein erfrischendes Bad.

Interessant, und wieder näher der Zivilisation, wird die Fahrt durch Olten, mit den zahlreichen Brücken und dem Blick auf die Altstadt. Nach einer weiten Rechtskurve wird der Fluss bei Winznau erneut gestaut. Diesmal wird dem Flusslauf sämtliches Wasser

Fünf Meter lange, starre Kanadier sind heikel zum Transportieren.

entzogen. Durch das steinige Bett schlängelt sich ein klägliches Rinnsal, das selbst für den geringen Tiefgang unserer Kanadier nicht ausreichend ist. Nur bei hohem Wasserstand besteht die Möglichkeit der Weiterfahrt im ursprünglichen Aarelauf. Dort ist das «Bally»-Wehr links zu befahren. Rechts bildet sich bei Hochwasser eine gefährliche Walze mit Rücksog.

Durch einen schmalen Durchlass fahren wir in den Kanal ein, und nach wenigen hundert Metern sehen wir das Wahrzeichen Gösgens: den dampfenden Kühlturm des Kernkraftwerks. Unsere Gedanken auf dem langsam fliessenden Kanal werden jäh unterbrochen durch ein weiteres Wehr, welches wir über rund 200 Meter durch das Kraftwerkareal umtragen.

Wieder eingebootet, gleiten wir in rascher Fahrt dem nahen Schönenwerd entgegen. Wir landen am linken Ufer vor der Betonstrassenbrücke, ziehen die Kähne ans Ufer, und in einem kurzen Spurt erreichen wir gerade noch den Zug nach Olten und zurück nach Murgenthal. Dabei fahren wir nochmals mit der Wasserkraft der Aare, nämlich mit Elektrizität aus dem Fluss – oder ist es Strom aus dem KKW?

Auenwälder der Aare schützenswert

Nach dem Begehren des Aargauischen Bundes für Naturschutz sollen die meisten in Gemeinde- und Kantonsbesitz stehenden, den Lauf der Aare begleitenden Auenwälder vom Bielersee bis Koblenz unter Schutz gestellt werden. Die Eindämmung der Aare, vor allem beim Kraftwerkbau, führte zu drastischem Rückgang der Auenwälder. Ehedem alljährlich überflutete Talflächen werden selbst bei starkem Hochwasser nicht mehr überschwemmt, obwohl an vielen Stellen der Normalwasserstand höher liegt als das benachbarte Gelände. Der typische Auenwald ist heute manchenorts ein Erlen-Weiden-Niederwald mit drei Jahren Umtriebszeit, fast durchwegs aber Mittelwald. Die Ausdehnung der Wohngebiete und der Industrie, aber auch der Strassenbau haben neben den Kraftwerken die Auenwälder weit zurückgedrängt, gerade an der Aare, weniger an der Reuss. Mit dem Ende periodischer Hochwasser sank manchenorts der Grundwasserspiegel, der ursprüngliche Auenwald wurde mehr und mehr zum Mischwald. Reste des alten Auenwaldes sind heute noch bei Mellikon am Rhein, bei Mellingen an der Reuss, an der Aare beim Aarauer Stadtwald und im Umiker Schachen bei Brugg zu finden.

Leicht, auch für Schlauchboote (Brugger «Canyon» technisch anspruchsvoll) – wenig befahrene Strecke im Aargau

Zu den Schlössern der Habsburger

An- und Rückreise
Mit den SBB bis Aarau (□ 650, 653, 641, 642, 643, 644) und ab Siggenthal (□ 702) oder ab Brugg (□ 650, 653, 700, 710). Mit dem Auto: Parkplätze in Aarau und Stilli (Brugg).

Fahrzeit
Aarau–Stilli rund 4–5 Stunden (25 km, bis Brugg 20 km).

Flusscharakter
Breiter, wasserreicher, mässig schnell fliessender Strom. Vier Wehre mit kurzen Staubereichen. Brugger «Canyon», bei hohem Wasserstand nichts für Anfänger, bei Hochwasser Fahrt vorher beenden. Wasser mässig sauber, bis Vorsommer kalt.

Befahrbarkeit
Ganzjährig befahrbar. Bei der Schneeschmelze (ca. Mai/Juni) schnell fliessend.

Picknick
Viele Möglichkeiten am Ufer.

Orientierung
Karte der Landestopographie, Blätter 214 Liestal, 215 Baden, 224 Olten, 1:50 000.

Sehenswert
Altstadt Aarau und Brugg.

Männerarbeit: Das jeweilige Ein- und Ausbooten bei Picknickplätzen und bei Start und Ziel.

indio S

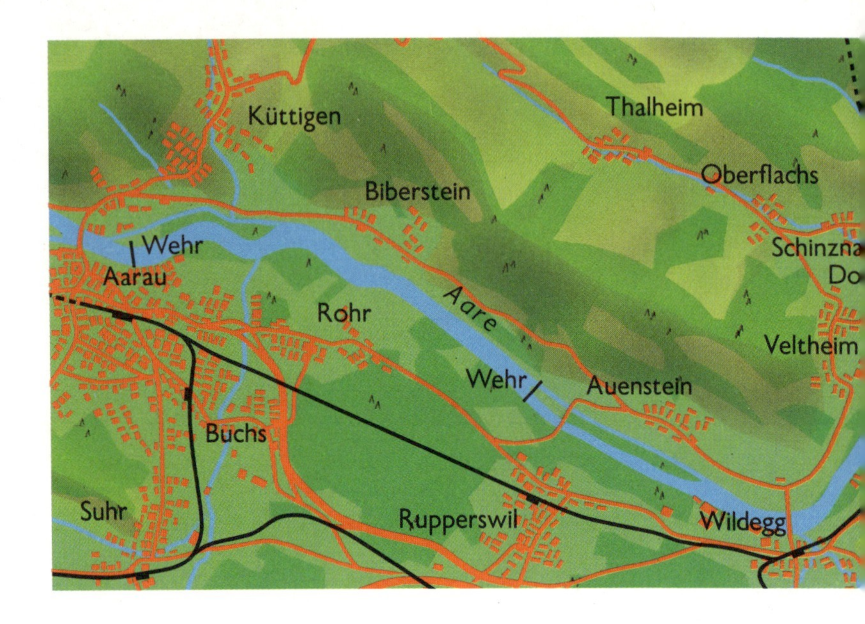

Wir beginnen unsere Bootsfahrt oberhalb des Zentrums von Aarau, beim Rüchlig-Wehr (im linken Flussarm beim Kraftwerk keine Umtragemöglichkeit) im von gewaltigen Wohn-, Geschäfts- und Verwaltungsbauten dominierten Telliquartier (Wegweiser). Aber schon nach kurzer Fahrt wird die Flusslandschaft idyllisch, säumen Schilfgürtel und Auenwälder die Ufer. Bei der Einmündung der Suhre stehen Fischer. Linker Hand wenig später die Kirche auf dem Kirchberg der Pfarrei Küttigen-Biberstein. Unter der schmalen von Truppen im Zweiten Weltkrieg erbauten Brücke zwischen Biberstein und Rohr durch, und schon zeigt sich das Schloss Biberstein mit dem Wappen aus bernischer Zeit.

Die Laufenburger Linie der Habsburger gründete Schloss und «Stadt» vermutlich als Konkurrenz zum kyburgischen Aarau. Erstaunlich ist sie ja schon, die «Plantage» von befestigten Orten und Hügeln. Nach

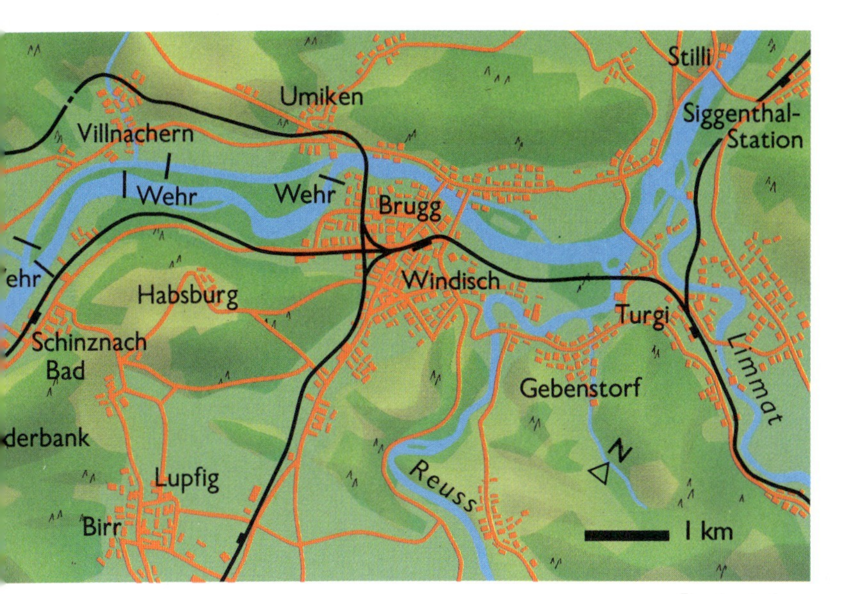

Einstieg in Aarau beim Rüchlig-Wehr (P in der Nähe). Ausstieg in Brugg vor oder nach dem «Canyon» bei der Eisenbahnbrücke oder nach der Steinbogenbrücke (rechts, Bahnanschluss). Oder in Stilli (P) und Station Siggenthal (Bahnanschluss). Beim Ausstieg in Siggenthal: zum Autoverstellen mit der Bahn in Turgi umsteigen.

dem Kraftwerk Rupperswil-Auenstein links Schloss Auenstein, rechts die Wildegg, links Wildenstein und bereits rechts oben auf dem Wülpelsberg die Habsburg, dann Brugg und der Schwarze Turm, in Windisch über dem Ufer das römische Vindonissa, bei Stilli die Ruine Freudenau. Hübsch, all die befestigten Orte, doch vor einem halben oder ganzen Jahrtausend eine umstrittene, nicht immer so idyllische Gegend.

Vorderhand treiben wir auf dem gestauten Fluss gemütlich an Biberstein vorbei. Sechs Kilometer nach dem «Einschiffen» müssen wir den Kahn über Land am Kraftwerk Rupperswil-Auenstein vorbeischleppen. Dasselbe bei Schinznach (bei gutem Wasserstand kann die Fahrt im alten Flusslauf fortgesetzt werden, zwei Wehre) und bei Villnachern. Sind die Unterbrüche auch lästig, verwundert den Flussfahrer doch, wie urtümlich sich die Landschaft auf dieser «abgetreppten» Strecke präsentiert. Abschnitte mit allzu künstlich gesicherten Ufern beziehungsweise Staubereichen wechseln mit unverdorbenen, respektive wieder weithin erholten Strecken. Gegenüber dem Schloss von Biberstein nehmen sich zu gewissen Tageszeiten Tannen aus wie dekorierte Bäume: Zehn, fünfzehn Fischreiher hocken in beinahe regelmässigen Abständen zu ihren Artgenossen auf den Ästen. Zwischen Schinznach und Brugg wiederum rauscht die Aare über Kiesbänke, bildet Inselchen. In den Auenwäldern beidseits hat man schon die typischen Nagespuren von Bibern festgestellt. Zwischen Aarau und Wildegg münden aus den Kiesterrassen des Mittellandes glasklare Giessen (Grundwasserströme) in die Aare.

An diesen Giessen kann man noch Eisvögel vorbeiflitzen sehen, kann man den Pirol flöten hören. Und hoch oben im Blau kreisen Bussarde und Milane. Dies alles in einer Gegend, die mit den «Segnungen der Zivilisation» überreich versehen ist. Doch auf dem leise rauschenden Fluss mit seinen meist üppig bewachsenen Ufern sind die Eingriffe auf grossen Strecken weder sicht- noch hörbar.

In Brugg, unterhalb der Bahnbrücke (mit Fussgängersteg) der SBB-Linie Zürich–Basel, passieren wir beim Schwarzen Turm und bei der alten Brücke, die das Mittelland mit dem Jura verbindet, einen «Canyon»: beidseits Felswände, Strudel im eingezwängten Fluss – präzises Steuern ist hier vonnöten. Dann das Übungsgelände der Genietruppen, wieder weite Landschaft. Beim ersten Flussinselchen die Einmündung der Reuss, beim zweiten jene der Limmat. In dieser Wildnis erkennt man die Schweiz kaum wieder. Besonders, wenn man sich vergegenwärtigt, dass oberhalb und unterhalb der geschilderten «Bootsstrecke» Kernkraftwerke laufen, Zementfabriken, Chemiebetriebe, Eisen- und Autobahnen Immissionen bescheren, Flusskraftwerke den Lauf behindern. Bereist man die Gegend auf und nicht längs der Aare, glaubt man sich auf manchen Abschnitten weitab jeglicher Zivilisation.

Romantische Fahrt bei sommerlichem Niederwasser durch den Brugger «Canyon».

info

Weitere Strecke
Stilli–Klingnau–Koblenz:

Die 13 Kilometer lange Weiterfahrt zum Rhein (bis Klingnau 11 km, Bahnanschluss, □ 702) hat ähnlichen Flusscharakter. Lange Staubereiche vor dem Kraftwerk Beznau und im Stausee Klingnau (Vogelschutzreservat), jedoch landschaftlich interessant und wenig befahren.
Ausstiege: 1. Döttingen: rechts vor der Strassenbrücke (100 m zum Bahnhof, P am linken Ufer).
2. Koblenz: vom Stauwehr Klingnau rechts (500 m zum Bahnhof). Nach Umtragen zwischen Eisenbahn- und Strassenbrücke, rechts (200 m zum Bahnhof, P links bei der Station Felsenau – ausser Betrieb).
Die Weiterfahrt auf dem Rhein nach Basel ist möglich, wegen einiger Wehre mit langen Umtragestrecken aber nicht sehr lohnend.

Leicht bis technisch anspruchsvoll – ein Sprung nach Vorarlberg, durch eine voralpine Schlucht

Spritztour am Bodensee

An- und Rückreise
Nur mit dem Auto: Über St. Margrethen (Grenze)-Kennelbach zum Campingplatz Doren. Für erweiterte Variante über Alberschwende zum stillgelegten Bahnhof Langenegg/Müselbach. Parkplätze in Kennelbach.

Fahrzeit
Doren–Kennelbach rund 2 Stunden (8 km), ab Bahnhof Langenegg 3 Stunden (13 km).

Flusscharakter
Stellenweise schnell fliessend, mit zahlreichen Kurven in einer schönen, unzugänglichen Schlucht. Wasser sauber, kalt.

Befahrbarkeit
Im Frühling während und nach der Schneeschmelze (ca. April–Juni). Im Sommer nur bis zur Mittagszeit (Infos vom Kraftwerk Andelsbuch Tel. 0043/5512/2314).

Picknick/Camping
Viele Möglichkeiten am Ufer. Campingplatz Doren Tel. (0043) 5516/2008.

Orientierung
Karte der Landestopographie, Blatt 218 Bregenz, 1:50 000.

Sehenswert
Bregenz.

Einsam durch eine schöne Voralpenschlucht auf sauberem, rassigem Wildwasser.

Weit vorne ein Rauschen, immer stärker und lauter wird es. Und schon sind wir mittendrin; der Bug des Bootes schiesst steil in den Himmel, weisse Gischt spritzt uns ins Gesicht. Rundherum nur noch Brodeln und Tosen. Dann herrscht wieder Stille. Aus den dichten Uferbüschen, an denen wir vorbeigleiten, trillern die Vögel.

Bregenzerwald – Märchenwald. Und märchenhaft schön ist tatsächlich die Voralpenlandschaft Vorarlbergs. Inmitten dieses Erholungsgebietes mit seinen ursprünglichen Dörfern liegt unser Ziel: Bootsfahrer erwartet eine wildromantische Flusslandschaft. Das klare Wasser der Bregenzer Ache entspringt im schnee- und quellenreichen Gebiet am Arlberg, durchfliesst einige Hochtäler und taucht unterhalb Doren in eine einsame Schlucht. Kein Strassenlärm und keine Siedlungen stören die Stille. Steile Waldhänge wechseln ab mit Felswänden. Auch das Flussbett gestaltet sich abwechslungsreich: In den weiten Schlaufen lagern weisse Kiesbänke, und in den engen Kurven fordern felsige Uferblöcke das Können der Kanufahrer heraus. Nur das unfahrbare Wehr vor Kennelbach setzt dem Naturerlebnis ein «zivilisatorisches» Ende.

Bregenz – das signalisiert «Festspiele» auf der Seebühne mit international bekannten Opernstars. Nur wenige Kilometer davon entfernt ergiesst sich die Bregenzer Ache in den Bodensee. Unsere Tour endet jedoch nicht im «Dreiländermeer», sondern einige Kilometer vorher, bei Kennelbach. Die Fahrt setzt gute planerische Arbeit voraus. Seit es die nostalgische Dampfeisenbahn nicht mehr gibt, muss man für den Bootstransport einige Massnahmen treffen. Die Strasse macht grosse Umwege durch die hügelige Landschaft, durch die der Fluss in einer tiefeingeschnittenen Schlucht fliesst. Darum schliessen sich am besten mehrere Wasserfahr-Familien zusammen, um die Autos an Start und Ziel verstellen zu können. Dies mit dem Velo bewerkstelligen zu wollen, ist bei den enormen Steigungen nur ganz Sportlichen anzuraten.

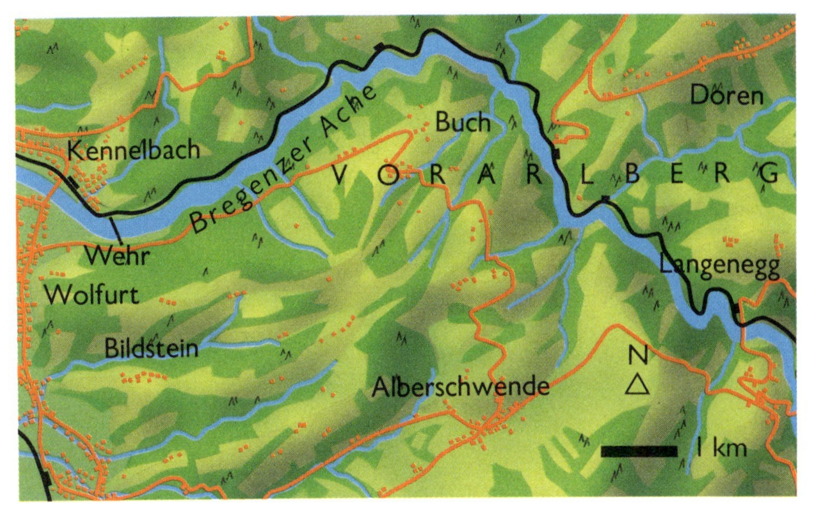

Einstieg beim Campingplatz Doren; für die erweiterte Variante beim stillgelegten Bahnhof Langenegg/ Müselbach. Ausstieg rechts vor dem Wehr (evtl. links umtragen, P nach 300 m). Die Weiterfahrt in den Bodensee lohnt sich wegen mehrerer künstlicher Blockwurfschnellen nicht.

Für fortgeschrittene Anfänger bietet sich der idyllische Campingplatz Doren an: von Kennelbach her Richtung Krumbach über Langen zu erreichen. Vor der Ortschaft Doren führt ein steiler Waldweg (Camping-Tafel) hinunter zur Ache.

Um den Fluss befahren zu können, braucht es einige Voraussetzungen: Er gilt ab Doren als Wildwasser I–II und ist für offene Kanadier geeignet. Trotzdem: kein Bach für Sonntagspaddler! Das heisst, dass man Boot und Paddeltechnik im Griff haben muss. Wichtig ist es, Wasser und Strömung «lesen» und Felsen ausweichen zu können. Auf der ganzen Strecke gibt es keine nennenswerten Hindernisse; trotzdem sollten Kinder und schlechte Schwimmer unbedingt Westen tragen. Im Frühling und Vorsommer ist der kalten Wassertemperatur Rechnung zu tragen – am besten mit einem leichten Neoprenanzug. Kanuten, welche ihres Könnens nicht ganz sicher sind – und wer ist das schon –, tragen einen Helm. Bei Hochwasser, so harmlos der Fluss dann an manchen Stellen aussieht, ist von einer Befahrung unbedingt abzusehen.

Auf der rassigen Fahrt muss man das Boot «im Griff» haben.

info

Weitere Strecke

Langenegg–Doren: Wer sich eine kleine Steigerung der Flussschwierigkeiten zutraut, kann etwa am zweiten Tag rund 5 Kilometer weiter oben, beim stillgelegten Bahnhof Langenegg/Müselbach, starten. Die schnellste Zufahrt führt von Kennelbach über Wolfurt nach Alberschwende, bei der Abzweigung nach Lingenau/Hittisau sofort wieder nach rechts (Wegweiser Müselbach) und steil hinunter zur kleinen Brücke, dann links zum «Wildwestbahnhof». Das Wasser für diese Strecke ist seit der Fertigstellung des neuen Kraftwerkes entzogen; Befahrung nur bei intensiver Schneeschmelze oder nach längeren Regenfällen möglich.

Europas grösstes Trinkwasserreservoir
Der Bodensee hat eine Oberfläche von 539 Quadratkilometern. Die grösste Tiefe beträgt 252 Meter und der Seeinhalt 50 Kubikkilometer. Das ist in Kubikmetern eine Zahl mit 10 Nullen. Über 3,5 Millionen Menschen bis über die süddeutsche Metropole Stuttgart hinaus beziehen das Qualitätswasser aus dem Schwäbischen Meer. Mit zwei Druckleitungen wird das Wasser aus dem Seepumpwerk auf den Sipplinger Berg in die 15 Hektar grosse Anlage gepumpt. Sowohl bezüglich der Wasserhärte als auch des pH-Wertes kann das Bodenseewasser als ideal und ausgewogen bezeichnet werden. Auch in bezug auf Nitrate und andere ungünstige Verbindungen liegen die Werte des Wassers weit unter den Grenzwerten. Trotzdem klagen nicht zuletzt auch Fischer über die Überdüngung des Sees. Ausserdem ist ihnen die sogenannte kanadische Wasserpest, eine Pflanze, die sich auf dem Seegrund breitmacht, beim Fischen ein Hindernis. Sie hat aber keinen Einfluss auf die Qualität des Wassers. Dafür um so mehr die über 30 000 immatrikulierten Schiffe, die den Anrainerstaaten zunehmend ein Dorn im Auge sind. Wenn es nach den Plänen der Bodenseekonferenz geht, wird der Motorbootverkehr mittelfristig stark eingeschränkt. Aber auch der «Bodan-Departure», eine Einflugstrasse über den Bodensee zum Flughafen Zürich-Kloten, wurde wegen der Bedeutung dieses riesigen, offenliegenden «Lebensmittels» auf politischen Druck hin wieder aufgehoben.

Leicht, auch für Schlauchboote (eine Stelle technisch anspruchsvoll) – durch ein abgelegenes stilles Tal

Ein Grenzfluss im Jura

An- und Rückreise
Mit den SBB bis und ab St-Ursanne (□ 240, der Bahnhof liegt ausserhalb der Ortschaft, Strecke Delémont/Delsberg–Delle). Mit dem Auto: Über Delémont nach Soubey. Postautoverbindung Ocourt–St-Ursanne–Epauvillers–Soubey (□ 240.45, 240.50).

Fahrzeit
Soubey-Ocourt rund 4–5 Stunden (22 km, gute Ausstiegsmöglichkeit auch in St-Ursanne, 15 km).

Flusscharakter
Schöne, bewaldete Schluchtstrecke mit mehreren Wehren. Eine Stelle technisch anspruchsvoll (Le Champois). Ausser nach langen Regenfällen mässige Strömung (Kraftwerkabhängig, s. «info»). Wasser sauber, im Sommer warm.

Befahrbarkeit
April bis Oktober. Sonntags, vor allem im Hochsommer geringe Wasserabgabe. Weitere Bestimmungen s. «info».

Picknick/Camping
Viele Möglichkeiten am Ufer. Campingplätze in Soubey, bei St-Ursanne und vor Ocourt.

Orientierung
Karte der Landestopographie, Blatt 222 Clos du Doubs, 1:50 000.

Sehenswertes
St-Ursanne.

Der Doubs schlängelt sich in einer tiefeingeschnittenen Schlucht durch den Jura.

Wer den Doubs befahren will, sollte sich gut vorbereiten: Obwohl der Grenzfluss im Westen der Schweiz fast immer befahrbar ist, sind die Wasserabflussmengen im Juni am zweithöchsten. Nach einer Reduktion um ein Drittel im Juli und um ein weiteres Drittel im August ist der tiefste Pegel erreicht. Erst im September, wenn die von Westen anziehenden Regenwolken an den Jurahöhen hängenbleiben, wird der Höchstwasserstand erreicht. Die Wassermenge ist zudem von der Abgabe einer ganzen Reihe von Kraftwerken abhängig. An Sonntagen mit geringer Stromproduktion ist während der niedrigen Wasserstandsperiode (ausser nach Regenfällen) der Doubs schwerlich zu befahren. Man rutscht ständig auf den Steinen herum.

Der typische Jurafluss entspringt in Frankreich westlich vom Mont d'Or, durchfliesst verschiedene Hochtäler nach Nordosten, erreicht bei Les Brenets die Schweiz und wird zum Grenzfluss. Am Saut du Doubs fällt er über 26 Meter in ein tief eingeschnittenes, wildromantisches Tal. Dann macht er einen kurzen Abstecher ganz in die Schweiz und fliesst wieder in sein Quelland zurück.

An der Brücke von Soubey wassern wir unsere Kähne – direkt bei unserem Übernachtungsort, dem Campingplatz beim Restaurant «Relais du Doubs». In gemütlichem Tempo nimmt uns das spärliche Wasser mit. Bereits nach zwei Kilometern stellt sich uns mit den Stromschnellen von Le Champois eine Schikane in den Weg. Doch gekonnt steuern wir unsere Boote nach vorhergehender Besichtigung zwischen den bemoosten Felsblöcken hindurch. Wir sind gut eingespielte Teams; Proviant und Kleider sind ohnehin wasserdicht verpackt, und eine Kenterung hätte allenfalls ein frisches Bad gebracht, aber auch – viel schlimmer – unsere Kanutenehre befleckt. Anfänger sollten diese Schnellen unbedingt umtragen.

Das war dann auch die schwierigste Stelle auf der ganzen Strecke durch den Clos du Doubs. Auf unserer

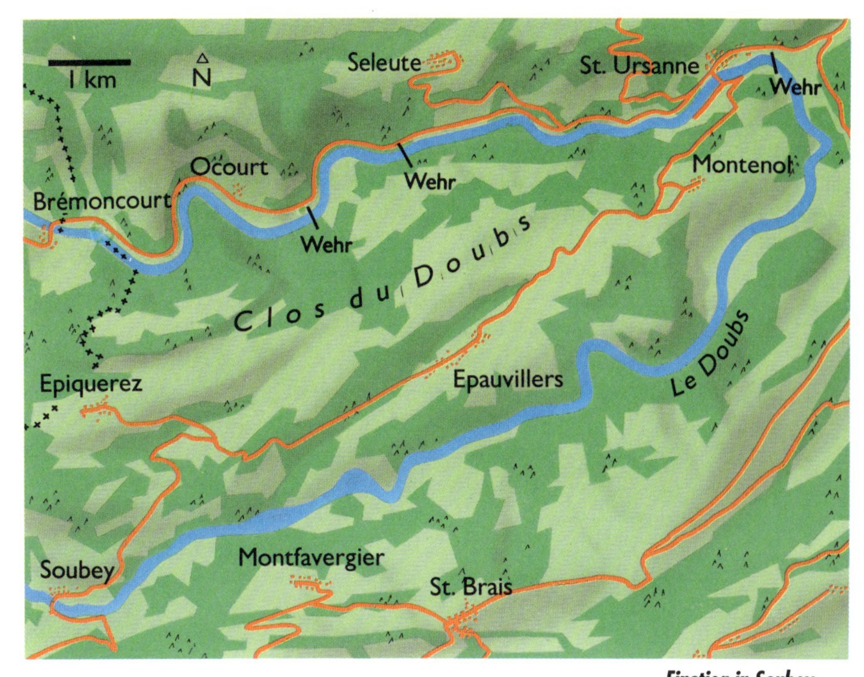

Einstieg in Soubey, Ausstieg in St-Ursanne oder Ocourt. Das zerfallene Wehr von La Charbonnière ist in der Mitte fahrbar; alle weiteren Wehre sind unfahrbar. Postauto über Epauvillers zum Autoverstellen.

gemächlichen Wanderfahrt bleibt uns genug Zeit, die Juralandschaft zu geniessen. Links und rechts der Ufer wechselt dichter Busch- und Baumbestand mit saftigen Wiesen und weiten Feldern. An den Talseiten zieht sich der Wald hinauf und lässt ab und zu den weissen Jurakalk durchblicken. Idyllische Uferpartien laden zum Picknicken ein. Wanderern ist der stille, abgelegene Landstrich wohl bekannter. Viele gemütliche Beizen mit köstlichen Fischgerichten sind mit ein Hauptanziehungspunkt.

Das zerfallene Wehr bei La Charbonnière bietet uns keine anderen Schwierigkeiten, als dass wir wegen mangelnder Wassertiefe die Boote während einer kurzen Strecke über die bemoosten Steine ziehen müssen. Nach dem «Wassertreten» geht die Fahrt weiter: Am rechten Ufer schimmern die farbigen Zelte des Campingplatzes Tariche durch die Bäume. Im flachen Wasser liegen dichte Teppiche mit Flussanemonen und -rosen. Da stehen aber auch Fischer am Ufer – hüben und drüben. Jeder winkt und flucht, wir sollten auf der anderen Seite fahren. Salomonisch halten wir uns an die goldene Mitte, grüssen freundlich und gleiten weiter.

Das nächste Wehr vor St-Ursanne ist unfahrbar. Wir tragen Boote und Bagage auf der linken Seite durch die Uferbüsche, und bald fahren wir unter einem der steinernen Brückenbögen des alten Jurastädtleins durch – beobachtet von den Gästen auf den Caféterrassen. Bei den beiden nächsten Wehren, dem von Bellefontaine und dem des Moulin du Doubs, machen wir's uns bequemer: Wir lassen unsere Kähne einfach über die Schrägwehre hinabrutschen. Bald danach steht am rechten Ufer mitten in den saftigen Juraweiden wieder ein Campingplatz; ein Zeichen, dass wir demnächst die Brücke von Ocourt, unsere Ausbootstelle, erreichen.

Dort schwingen wir uns auf die bei der Anreise am Vorabend deponierten Velos und radeln zurück nach St-Ursanne. Diesmal geht es nun über die alte Steinbrücke Richtung Epauvillers. Nachdem auf der Flussfahrt zum grössten Teil die Arme beansprucht wurden, kommen auf der «Bergstrecke» nun die Beine zum Zug. Rund 200 Höhenmeter geht es hinauf, und dann sausen wir über dieselbe Differenz wieder hinunter nach Soubey – in den Clos du Doubs.

Gemütlich auf dem Doubs durch das historische Jurastädtchen St-Ursanne.

info

Bestimmungen für die Befahrung

Eine Doubs-Befahrung hat einen Haken: Der Fluss darf (wegen französischer Bestimmungen) nur befahren werden, wenn beide Ufer auf Schweizer Gebiet liegen. Also von Soubey bis Bremoncourt, wo der Fluss in einer rund 20 Kilometer langen Schlaufe ganz in der Schweiz fliesst. Aber auch dies ist (nach jurassischem Recht) vom 1. März bis 15. Oktober nur zwischen 10 und 18 Uhr gestattet. Zudem ist eine genügende Wassermenge vorgeschrieben, damit Flora und Fauna nicht geschädigt werden. Im Winterhalbjahr ist die Befahrung frei, wegen des knappen Wasserstandes (und der Temperaturen) jedoch nicht lohnend. Vor allem wegen der langen Anreise ist eine sorgfältige Planung wichtig. Eine Doubs-Befahrung wird am besten an einem verlängerten oder normalen Wochenende im Zusammenhang mit Berner Wanderflüssen geplant.

Leicht, bis Dietikon auch für Schlauchboote – durch einen industrie- und verkehrsreichen Landstrich

«Badenfahrt» auf der Limmat

An- und Rückreise
Mit den SBB bis Zürich (□ 650, 660, 700, 710, 720, 760, 840, 850) und ab Baden (□ 650, 700, 710). Mit dem Auto: Parkplatzsuche am See schwierig, in Baden in der Aue (gebührenpflichtig).

Fahrzeit
Zürich–Baden rund 5–6 Stunden (27km).

Flusscharakter
Breiter, wasserreicher, mässig schnell fliessender Strom mit sechs Wehren (Vorsicht beim Höngger Wehr). Ein grosser Staubereich. Wasser sauber, ab Vorsommer warm.

Befahrbarkeit
Ganzjährig befahrbar. Nach Abklingen der Schneeschmelze (ca. Mai/Juni) ab Dietikon träg fliessend, fast stehend.

Picknick/Camping
Viele Möglichkeiten am Ufer. Campingplatz und Jugendherberge in Baden (direkt beim letzten Wehr, rechts aussteigen).

Orientierung
Karte der Landestopographie, Blätter 215 Baden und 225 Zürich oder Wanderkarte des Kantons Zürich (Orell Füssli), 1:50 000.

Sehenswertes
Zürich, Baden.

Plauschfahrt auf der Limmat. In diesem Kanadier hätten zwölf Personen Platz.

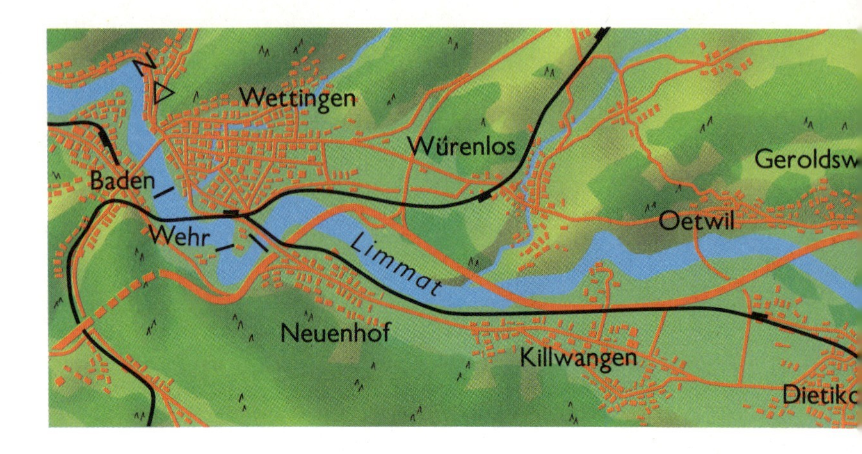

Zu unserer «Badenfahrt» starten wir unterhalb der Zürcher Quaibrücke. In der Umgebung des Bauschänzli setzen wir unsere Boote auf das Wasser. Und gleich nimmt uns die Strömung mit. Rechts das Grossmünster mit seinen Türmen, links das Fraumünster. Unter der Münsterbrücke durch, links St. Peter, rechts die Wasserkirche, das Helmhaus. Ein gemütliches Zürich für den Wasserfahrer. Längs der Limmat, über der Limmat Autos und Tramzüge, auf dem Fluss relative Ruhe und, vor allem, keine Hektik! Wer die interessante Fahrt unter Zürichs Brücken hindurch wagte, konnte früher bei hohem Wasserstand die tiefliegende Rudolf-Brun-Brücke nur schwer passieren. Die neugebaute Brücke bereitet heute keine Probleme. Bahnhofbrücke, Walchebrücke und nach Landesmuseum und Platzspitz die erste Schikane. Beim Drahtschmidlisteg gilt es, dem rechten Lauf zu folgen und kurz danach den Kahn an dessen linkem Ufer vor dem Kraftwerkgebäude in die Sihl hinüberzuheben und rund 200 Meter bis zum Zusammenfluss mit der Limmat weiterzufahren (der Kanal kann nicht befahren werden).

In zügiger Fahrt geht es weiter, am Bad Unterer Letten vorbei und unter zwei Eisenbahnbrücken durch.

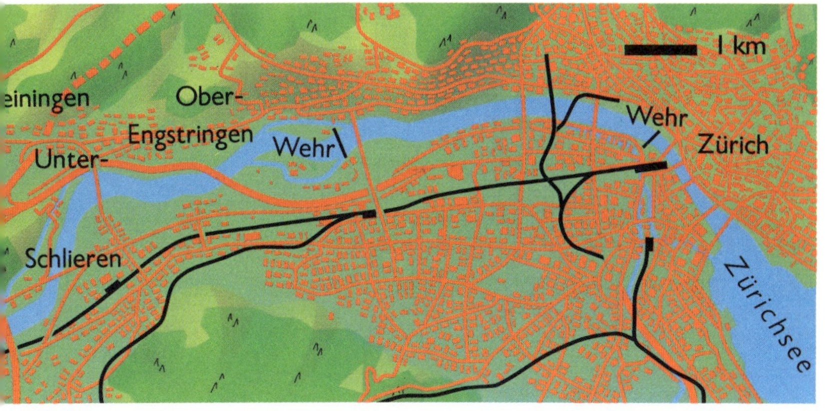

Einstieg für Autobenützer Nähe Quaibrücke, für Bahnbenützer in der Sihl beim Hauptbahnhof. Oder: beim Höngger Wehr (Nähe Europabrücke/Grünau). Ausstieg in Baden vor der Holzbrücke oder dem Wehr (P).

Nach der Geschäftsstadt Zürich nun die Industriestadt Zürich. Unter der Europabrücke durch vor den oberen Spitz der Werdinsel. Der Lauf rechts führt zum Elektrizitätswerk, der links zum Höngger Wehr, das unfahrbar ist. Wir booten rechtzeitig (Vorsicht bei starker Strömung, das Wehr wäre tödlich für Schwimmende) am linken Ufer aus und umtragen. Wir passieren die Badanstalt, in der es im Sommer ständig lebhaft zugeht. Unter der Autobahnbrücke durch und gewissermassen «hinaus aufs Land». Spaziergänger an den Ufern und Hunde. Da und dort Feuerchen und der Duft von Gegrilltem über dem Fluss. Die Bäume am Ufer verdecken die stark überbaute nähere Umgebung; der Blick geht auf die das Limmattal begleitenden Hügelzüge.

Nach dem Bogen von Unterengstringen gleiten wir am Kloster Fahr vorbei. Das Dietiker Wehr kommt bald in Sicht. Wir steuern links in den Kanal und umtragen durch das Kraftwerksgebäude. Wenig später unterqueren wir wiederum die Autobahn. Von Spreitenbachs «Türmen» sind bloss die obersten Etagen zu sehen; die riesigen Geleiseanlagen liegen zu tief. Es wird vollends ländlich und immer gemütlicher. Die Strömung wird zusehends schwächer, die Fahrt langsamer. Bevor wir mit Paddeln nachhelfen, stärken wir uns vom

Auf der Limmatfahrt geht es unter einigen Autobahnbrücken durch – wie hier im Stausee Neuenhof/ Wettingen.

Grill einer Feuerstelle am linken Limmatufer zwischen der Oetwiler Brücke und der Flusskurve im Chessel. Hier befindet sich auf einem Inselchen eine weitere romantische Feuerstelle. Wildenten, Schwäne auf dem trägen Wasser, Vogelgezwitscher aus den Schilf- und Uferwaldsäumen.

Wir paddeln, denn im Staubereich des KW Wettingen ist die Strömung zu schwach. Das machen sich hier Skiffer zunutze: Sie pfeilen mit ihren geschossähnlichen Booten über die glatte «Seefläche». Als Gegensatz stoische Fischer in Kähnen am Ufer, mit Engelsgeduld auf Beute harrend. Wir erreichen die KW-Anlage, legen links an und umtragen auf einer langen Treppe. Gegenüber dem Kloster Wettingen booten wir wieder ein. Gleich folgt die nächste Schikane: Bei der stillgelegten Spinnerei Wettingen fahren wir links durch den Kanal, umtragen wieder. Dasselbe gleich nochmals unterhalb der Eisenbahnbrücke beim Badener Schwimmbad. Wir nähern uns der bedrohlich eng anmutenden Badener Klus und beenden unsere Badenfahrt links, direkt unter der hohen Steinbogenbrücke (15 Min. zum Bahnhof).

Weitere Strecke

Baden–Stilli (Aare): Die Weiterfahrt von Baden bis in die Aare (9 km) oder bis Koblenz (weitere 15 km, siehe Seite 43) ist möglich und mit genügend Wasser lohnend; bis zur Aare jedoch weitere Wehre (beim Kraftwerk Kappelerhof heikel – ansehen). Der Abschnitt bei den Bädern und eine Schnelle bei Vogelsang ist technisch anspruchsvoll (hohe Wellen). Weiterfahrt oder Ausstieg in Stilli (P) und Station Siggenthal (Bahnanschluss, □702).

Wehre signalisieren «weisse Kohle»

Auf der Limmatfahrt von Zürich nach Baden passiert man sechs Wehre. Was hinter diesen die Wasserfahrer behindernden Bauten steckt, kann man sich im Museum im alten Limmatkraftwerk Kappelerhof (hier ist das siebte Wehr) in Baden besehen. Im 1976 stillgelegten KW wurde eine Ausstellung eingerichtet, die die Elektrizitätsgewinnung des 20. Jahrhunderts veranschaulicht.

Besichtigung: Mittwoch von 14 bis 17 Uhr und Samstag von 8 bis 16 Uhr geöffnet. Eintritt frei. Gruppen auf Voranmeldung, Tel. 056/200 22 00, auch zu anderen Zeiten. Zu Fuss ist der Kappelerhof ab Hotel «Verenahof» über den Mätteliweg entlang der Limmat in knapp einer halben Stunde erreichbar (oder bei der Weiterfahrt zur Aare, direkt beim Kappelerhof-Wehr).

Leicht, auch für Schlauchboote (bis zur Brücke Rottenschwil) – durchs Reusstal

Leben wie die Indianer

An- und Rückreise
Mit dem Auto: Parkplätze in Perlen und beim Wehr Bremgarten. Die Benützung der Bahn ist kompliziert und zeitraubend. Bahnanschluss ab Gisikon-Root (□ 660) und ab Bremgarten (□ 654).

Fahrzeit
Perlen–KW Zufikon/Bremgarten rund 6–7 Stunden (35 km).

Flusscharakter
Breiter, träg fliessender, wasserreicher Strom. Staubereich ab Brücke Rottenschwil–Unterlunkhofen. Wasser mässig sauber, ab Vorsommer warm.

Befahrbarkeit
Ganzjährig befahrbar. Nach der Schneeschmelze (ca. Mai/Juni) und nach starken Regenfällen schnelle Strömung.

Picknick/Camping
Viele Möglichkeiten am Ufer. Camping an den Ufern (nur zum Teil Autoanstoss, Naturschutzbestimmungen beachten) und in Ottenbach.

Orientierung
Wanderkarte des Kantons Zürich, 1:50 000 (Orell Füssli).

Sehenswertes
Bremgarten, Kraftwerksmuseum Ottenbach (siehe Seite 20).

Gut ausgerüstet zu sein mit Schwimmwesten bietet auf einer Flussfahrt Sicherheit.

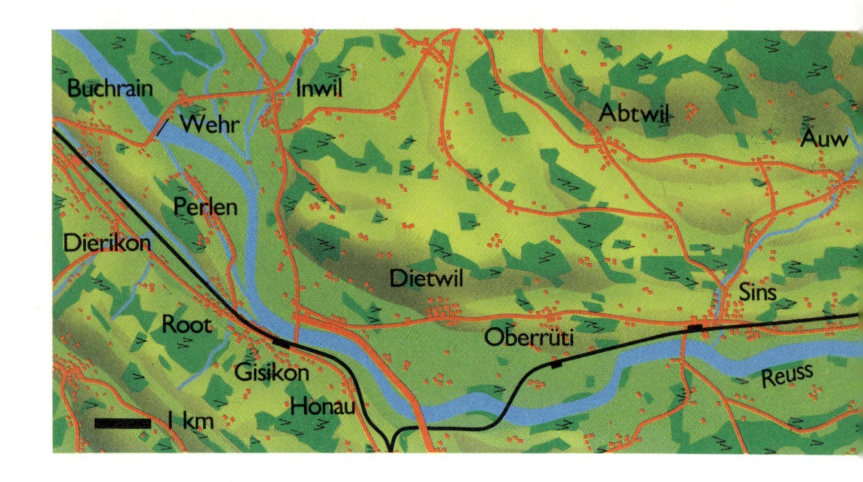

Angesagt ist ein Plausch für gross und klein – eine Fahrt auf einer Strecke der Reuss, durch eine Flusslandschaft, die dort am urtümlichsten wirkt, wo der Mensch der Natur nachgeholfen hat.

Für einmal sind die Kinder von der Schule nach Hause gerannt, ihr Eifer ist kaum zu bremsen. Sie schleppen Zelte und Schlafsäcke, Schwimmwesten und wasserdichte Behälter mit Proviant und Wechselwäsche an. Nach einer letzten Ladekontrolle fahren wir endlich ab. Und in Perlen geht's von neuem los: Ladung löschen, vom Auto in die Kanadier verteilen. Bei den Indianern, denke ich, ging das rascher und ruhiger.

Unterhalb der Strassenbrücke Buchrain–Inwil und des Wehrs, das Wasser in den Kanal der Papierfabrik Perlen leitet, setzen wir die Kähne auf die Reuss und legen ab. Bäume und Sträucher an befestigten Ufern verdecken die Sicht auf die nächste Umgebung. Nur der Rücken des Rooter Berges überragt die Laubkronen. Die Eisenbahnbrücke vor Oberrüti ist für uns das Signal, nach einem Platz für unser Nachtlager Ausschau zu halten.

Nach knapp zwei Stunden Kanufahrt ziehen wir die

Einstieg beim Wehr in Perlen (später Einstieg nach Wahl). Ausstieg links beim KW Bremgarten; für Schlauchboote bei der Brücke Rottenschwil (langer Rückstau, 1. Nov. – 15. März Fahrverbot). Die Fahrt kann nach Umtragen des Wehres und der Kanalanlagen bei der Holzbrücke (jeweils links; nur der mittlere Kanal ist für Könner mit geeigneten Booten befahrbar – ansehen!) fortgesetzt werden.

Boote auf das erhöhte Ufer und beginnen zwischen Fluss und Damm das Zeltlager einzurichten. Wir brauchen Holz zum Abkochen und finden davon reichlich in einem Uferwäldchen. Bis tief in die Spätsommernacht hocken wir am Feuer, das die Kinder immer wieder mit für das «Kaffeefeuer» vorgesehenen Holzvorräten auflodern lassen.

Der nächste Tag beginnt deshalb notgedrungen mit der Suche nach trockenem Brennholz. Wer auf einer solchen Fahrt wenig Trinkwasser mittransportiert hat, muss auf eine Tasse Kaffee verzichten – oder die Zähne mit Reusswasser putzen. Wie machten das wohl die Indianer?

Bis wir das Lager peinlich sauber geräumt und die Glut gelöscht haben, hat schon der Ausflugsverkehr eingesetzt. Kajaks, «Gummiwürste» und abenteuerlich anmutende Flösse treiben flussabwärts. Stau gibt's nicht, der Einbahnverkehr ist naturgegeben. Wir gleiten am Restaurant «Zollhaus» bei der Holzbrücke von Sins vorbei, überholen stramm ausschreitende Wanderer. Kenner wissen es: Auch der Flusswanderer wird noch Muskeln brauchen, Armmuskeln nämlich. Vorläufig aber setzen wir zum Bummeln beim Steuern spärli-

Kinder sollten zum Baden im Fluss schwimmen können und müssen beaufsichtigt werden.

che Kräfte ein. Die Strömung besorgt den Rest. Zeit zum Ausschauen: hinter uns im Dunst die Rigi, vor uns die Albiskette. Gemächlich gleiten wir durch das Naturschutzgebiet «Rüssspitz». Im Gebiet zwischen den Brücken von Rickenbach und Ottenbach picknicken wir. Sportlichere Naturen laufen flussaufwärts und lassen sich von der Strömung zurücktreiben. Wir machen es, glaube ich, ähnlich wie die Indianer.

Etwa bei der Rottenschwiler Brücke beginnt der Flachsee, Resultat eines Kompromisses zwischen Naturschutz, Wasserkraftnutzung und Hochwasserschutz. Am Himmel kreisen Milane und Bussarde, im Wasser stehen lauernd Reiher. Im vorgeschriebenen Abstand zum Ufer passieren wir das Reservat. Der Flachsee ist, obwohl anfänglich stark umstritten, ein Stück angewandter Naturschutz geworden. Vor dem Zufiker Wehr heben wir unsere Kähne ans Trockene und holen mit einem bereitgestellten Auto die anderen Wagen. Die Indianer, ich bin sicher, konnten das nicht.

Weitere Strecken

Luzern–Perlen (8,5 km): Die Reuss tritt in Luzern aus dem Vierwaldstättersee aus. Das Nadelwehr behindert aber einen Start bereits im See. Erst bei der letzten Reussbrücke, der Spreuerbrücke, kann die Fahrt beginnen (10 Min. vom Bahnhof). Nach der Einmündung der Kleinen Emme von links und der Autobahnbrücke ist das Wehr des Kraftwerks Rathausen links zu umtragen (Durchfahrt bei genügender Öffnung des mittleren Tores – ansehen).

Lorze (Kloster Frauental–Rüssspitz/Reuss): Im Zusammenhang mit der Weiterfahrt auf der Reuss (Zusammenfluss beim Rüssspitz) ist der Start auf der Lorze lohnend. Aber erst ab Kloster Frauental (4 km), da früheres Einbooten wegen der vielen Wehre sich nicht lohnt. Schmaler Dschungelfluss mit mässiger Strömung und zahlreichen Kurven (evtl. querliegende Bäume). Befahrbarkeit ganzjährig (reguliert). Wasser mässig sauber, ab Vorsommer warm.

Seakajaking – es den Eskimos gleichtun

Die Reuss ist einer der Hauptwasserlieferanten des Vierwaldstättersees. Was liegt näher, als auch auf dem See zu paddeln – vor allem für Anfänger. Eurotrek-Abenteuerreisen (Tel. 01/462 02 03) bietet Tagestrips mit Eskimokajaks für Anfänger ab Luzern bis Gersau, Vitznau oder Weggis (inkl. An- und Rückreise). Aber auch auf dem Brienzer- und Thunersee und im Ausland (Kanada, Korsika, Elba, Sardinien, Norwegen, Schweden) kann man es an den Meeresküsten den Eskimos gleichtun.

Weitere Veranstalter von Seakajaking-Touren:

– Alpin Raft, Interlaken, Tel. 033/823 41 00
– Berger Wassersport, Herrenschwanden, Tel. 031/302 88 77
– Kanuschule Versam, Tel. 081/645 13 24
– Wildnisschule, St. Gallen, Tel. 071/855 33 01

Leicht, auch für Schlauchboote – abwechslungsreiche und vielbefahrene Strecke

Flusslandschaft wie in Kanada

An- und Rückreise
Mit der Bremgarten-Dietikon-Bahn (BD) (□654) und ab Brugg (□650, 653, 700, 710). Mit dem Auto: Parkplätze in Bremgarten beim Casino (gebührenpflichtig und beschränkt) und beim Hallen- und Freibad dahinter. Beim Schwimmbad Windisch (nur zum Aufladen). Eventuell bei der Brücke Birmenstorf–Mülligen ausbooten (P).

Fahrzeit
Bremgarten–Windisch rund 4 Stunden (25 km).

Flusscharakter
Breiter, interessanter, mässig schnell fliessender Fluss mit vielen Kurven. Im Bereich zwischen Sulz und Gnadental technisch anspruchsvoll. Wasser mässig sauber, ab Vorsommer warm.

Befahrbarkeit
Ganzjährig befahrbar. Nach der Schneeschmelze (ca. Mai/Juni) und längeren Regenfällen wasserreich, schnellfliessend.

Picknick/Camping
Viele Möglichkeiten am Ufer. Campingplätze in Bremgarten und Sulz.

Orientierung
Karte der Landestopographie, Blätter 215 Baden und 225 Zürich, 1:50 000.

Sehenswertes
Bremgarten, Mellingen, Brugg.

Oberhalb Gnadental: Schon früh, bevor die Blätter spriessen, lockt es auf die Reuss.

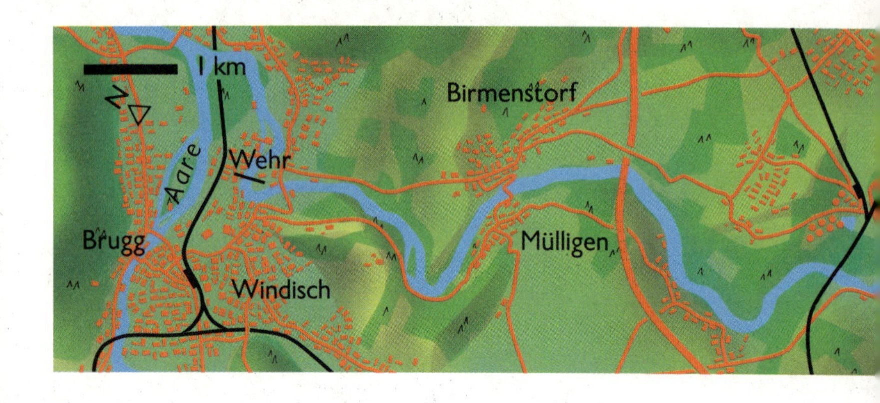

Während Wanderer den abwechslungsreichen Ufern der Reuss entlang ziehen, besteigen wir in Bremgarten das Boot und lassen uns durch eine romantische Flusslandschaft nach Windisch, kurz vor den Zusammenfluss von Reuss, Aare und Limmat, treiben.

Interessant ist, dass im Urner Oberland fast jeder grössere Bach Reuss heisst. Es gibt eine Furka-, Witenwasseren-, Mutten-, Gotthard-, Oberalp-, Unteralp-, Göschener- und Meienreuss. Genau gleich halten es die Nachbarn jenseits des Oberalppasses. Auch da gibt es neben dem Vorder- und dem Hinterrhein noch den Rein da Curnera, Nalps, Cristallina, Medel oder Sumvitg. Die sprachliche Wurzel von «Reuss» und «Rhein» lässt sich nicht schlüssig belegen. Sehr wahrscheinlich bedeuten die beiden Namen aber doch «grosser Bach, Fluss». Dafür gibt es in von deutschsprachigen Völkern besiedelten Gegenden die Bezeichnung «Aa» und «Ach» (aus dem Althochdeutschen «aha», das mit dem lateinischen «aqua» urverwandt ist).

In der Nähe der alten gedeckten Holzbrücke oder beim Truppenübungsplatz Bremgarten werden die Kanus oder Schlauchboote abgeladen und bereit gemacht. Achtung: Nur geübte Fahrer und gute Schwim-

mer beginnen die Fahrt bereits oberhalb der alten Holzbrücke und steuern durch den mittleren Flusskanal mit seiner grossen Wasserwalze, den Wellen und Wirbeln (beide Seitenkanäle sind unpassierbar).

Eine ähnliche Situation finden wir rund 200 Meter nach der Betonbrücke beim Truppenübungsplatz vor: Im linken Flussarm (am Ende des Campingplatzes) ist eine «Surfwelle» über die ganze Breite, und die anschliessenden Wellen und Wirbel haben schon manches Boot vollgeschlagen und zum Kentern gebracht. Der rechte Flussarm ist unproblematisch (im linken Uferbereich des linken Armes ist wegen des alten Wehres unsauberer Untergrund). In grossen Schleifen windet sich der Fluss durchs breite Reusstal. Ab und zu legt man eine kurze Strecke schwimmend zurück. Links und rechts am Ufer steigen kleine Rauchwölkchen auf. Kinder spielen am Wasser, Wanderer winken herüber. Nach dem Campingplatz Sulz werden die Ufer höher, die Hindernisse zahlreicher. An grossen Felsblöcken vorbei gelangen wir zu den kleinen Inseln. Dort spielende Kanuten lassen sich, aus dem Rückwasser der Steine hervorpaddelnd, in die Strömung hinausschnellen. Auf der Weiterfahrt gleiten wir zunächst am ehemaligen Kloster Gnadenthal vorbei. Wir fahren an riesigen Bäumen vorüber, die zum Teil im Wasser liegen,

Einstieg beim Kraftwerkkanal, links, unterhalb der gedeckten Holzbrücke (15 Min. vom Bahnhof) oder 1 km später bei der Brücke zum Waffenplatz (P). Ausstieg vor dem Wehr in Windisch (rechts, 20 Min. zum Bahnhof). Zum Autoverstellen mit der Bahn in Wohlen in die BD umsteigen.

Das malerische Reussstädtchen Bremgarten mit dem Hexenturm und der gedeckten Holzbrücke.

zum Teil dem Kippen nahe in den Fluss herausragen.

Die Sicht wird freier. Wir steuern auf Mellingen zu. Rechts dehnen sich weite Gemüsefelder aus. Kaum haben wir das Städtchen hinter uns gelassen, werden die Ufer wieder steil. Zeitweise treiben wir im Schatten hoher Bäume dahin. Hoch über dem Fluss schwebt eine Eisenbahnbrücke und kurz vor Birmenstorf die Autobahn. Ein Mühlrad dreht sich gemächlich am Wasser – eine Attraktion für die Gäste der alten «Müli» bei Mülligen. Wer unter der Strassenbrücke beim Restaurant «Zollhaus» in Windisch durchgefahren ist, muss kurz danach aussteigen; das wiederaufgebaute Wehr behindert kurz die mögliche Weiterfahrt.

Weitere Strecken

Windisch–Stilli (Aare):
Nach dem üblichen Ausstieg beim Schwimmbad Windisch kann nach Umtragen auf einer Rolltreppe (rechts) die Fahrt fortgesetzt werden. Nach eineinhalb Kilometern gelangt man in die Aare (ähnlicher Flusscharakter). Und nach weiteren zweieinhalb Kilometern erreicht man den Ausstieg in Stilli (links, P) oder den Bahnhof Siggenthal (rechts). Die Weiterfahrt auf der Aare ist möglich (siehe Seite 43).

Realp–Andermatt (Furkareuss):
Durchs karge Hochtal am Gotthard, dem Urserental, ist die Furkareuss auf 9 Kilometern ab dem Kieswerk oberhalb von Realp bis Andermatt fahrbar. Allerdings nur mit Schlauchkanadiern oder mit Spritzdecke, und nur für Fortgeschrittene. Die gesamte Strecke kann von der Strasse aus eingesehen werden. Der schwierigste, stark verblockte Abschnitt befindet sich unterhalb Realp nach drei kurz aufeinanderfolgenden Brücken, und etwa 100 Meter vor und nach der folgenden Steinbogenbrücke (ansehen – evtl. umtragen). Beste Befahrbarkeit nach der Schneeschmelze (ca. Mai/Juni bis August). An- und Rückreise und Autoverstellen sind mit der Furka-Oberalp-Bahn sehr praktisch (□610). Wasser sauber und kalt.

Amsteg–Attinghausen (Gotthardreuss):
Nach der unfahrbaren Schöllenenschlucht und einer kurzen fahrbaren Strecke ausschliesslich für Kajaks ist die Reuss auf einer Strecke von 15 Kilometern von Amsteg (Zuganschluss) bis zur Brücke bei Attinghausen (Zuganschluss Altdorf) von Frühling bis Spätherbst für Fortgeschrittene befahrbar. Die Weiterfahrt in den Vierwaldstättersee ist für Schlauchboote nicht gestattet. Bei der Schneeschmelze und nach starken Regenfällen wuchtig und schnellfliessend, Wasser sehr kalt und sauber.

Leicht, auch für Schlauchboote – stark befahrene Strecke mit sehenswerten Orten

Zwischen See und Wasserfall

An- und Rückreise
Mit den SBB bis Stein a. Rhein (□ 820, 821) und ab Schaffhausen (□ 760, 762, 820). Mit dem Auto: Parkplätze in Stein a. Rhein (s. Karte) und Schaffhausen.

Flusscharakter
Breiter Strom mit mässiger Strömung, zum Teil hohe Wellen durch die Kursschiffahrt (hat Vortritt, rechtzeitig ausweichen). Wasser sauber, ab Vorsommer warm.

Befahrbarkeit
Ganzjährig befahrbar. Nach der Schneeschmelze (Mai/Juni) schnell fliessend.

Picknick/Camping
Viele Möglichkeiten am Ufer. Viele Campingplätze am Bodensee.

Orientierung
Karte der Landestopographie, Blatt 206 Stein a. Rhein oder Wanderkarte des Kantons Zürich (Orell Füssli), 1:50 000.

Sehenswertes
Stein a. Rhein, Diessenhofen, Schaffhausen, Rheinfall (Neuhausen).

Durchfahrt unter der Diessenhofener Brücke – sie wurde 1945 von den Amerikanern bombardiert.

TRIP
Old Town

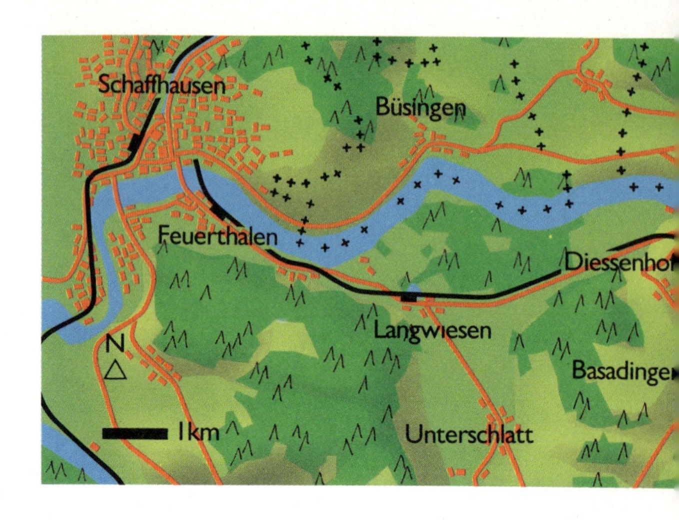

Kaum ein anderer «Wanderfluss» der Schweiz bietet an seinen Ufern so viele Sehenswürdigkeiten wie der Rhein vom Ausfluss aus dem Untersee bis Schaffhausen. Angefangen mit dem malerischen Städtchen Stein am Rhein und Schloss Hohenklingen, der Insel Werd, Diessenhofen und Schaffhausen mit dem Munot, bis zum Besuch des eindrücklichen Rheinfalls und dem Schloss Laufen. Zudem lässt sich das Unternehmen mit einem Campingaufenthalt am Untersee zu einem interessanten Wochenende erweitern.

Wir wollen, nach dem Touristenrummel in Stein am Rhein, die Ansicht des Städtchens in aller Ruhe vom Fluss aus geniessen. Bei der Insel Werd finden wir Parkplätze und Einbootstelle; letztere ist nicht ohne Schwierigkeiten. Das Flussufer ist mit dichtem, undurchdringlichem Schilf bewachsen. Deshalb lassen wir Boote, Picknick- und Kleidersäcke direkt vom zwei Meter hohen Holzsteg aufs Wasser. Die Passagiere seilen sich in die Kähne ab, und die Mutigen springen ins flache Wasser nach.

Die hier beginnende Strömung des aus dem Untersee austretenden Rheins nimmt uns rasch mit. Links ein

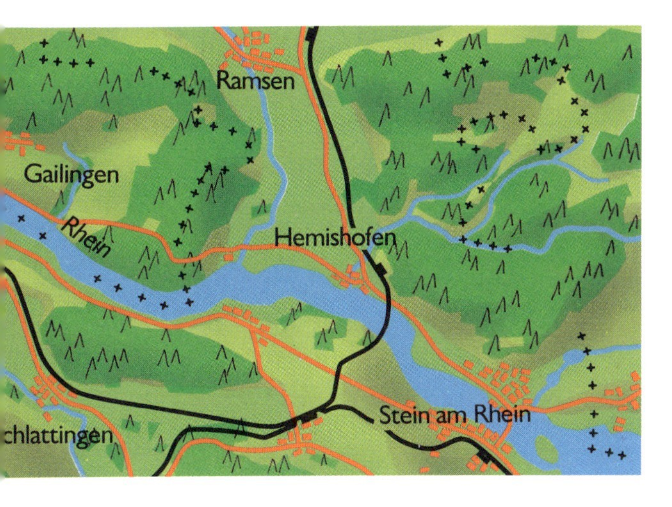

Einstiege: Stein am Rhein bei der Insel Werd (Richtung Eschenz, P); Bootshafen vor der Strassenbrücke (5 Min. vom Bahnhof, kein P); beim Passagierhafen (P von 10–18 Uhr gebührenpflichtig); 200 Meter nach dem Ortsausgang (Richtung Hemishofen/ Singen, P). Ausstieg vor dem Salzstadel in Schaffhausen (10 Min. vom Bahnhof).

kleiner Bootshafen, dann die Strassenbrücke, rechts Riegelbauten und Hotels, direkt ans Ufer gebaut. Auf der rechten Seite die Anlegestelle der Passagierschiffe. Sie werden während der ganzen Fahrt unsere ständigen Begleiter sein. Auch dies ist für uns Wanderpaddler einmalig in der Schweiz.

Nun beginnt aber auch auf dem Fluss der Rummel. Der Rhein ist auf diesem Abschnitt einer der meistbefahrenen Flüsse der Schweiz. Wer Einsamkeit und Ruhe sucht, steuert eher Limmat, Aare, Saane oder eben den Rhein erst nach dem Rheinfall an. Dafür ist aber die Befahrbarkeit ganzjährig gewährleistet, das Wasser – im Sommer im Bodensee aufgeheizt – relativ warm, sauber und lädt zum Baden ein. Die technisch einfache Strecke eignet sich geradezu für eine «Jungfernfahrt». Im Bunde mit vielen andern «Bötlern» fühlt man sich relativ sicher.

Selbstverständlich müssen wir den grossen Schiffen respektvoll ausweichen. Hoch über uns schweben, kurz nach Stein am Rhein, eine Beton- und eine Eisenbrücke. Auf den grossen Windungen des breiten Stromes gleiten wir an dichtbewaldeten Ufern vorüber.

Weit vorne ist nun die gedeckte Holzbrücke von Diessenhofen sichtbar. Sie ist eine besondere Attraktion mit ihren Schindeln und Fensterläden. Hier sichten wir auch einen neuen Bootstyp – flache Weidlinge, die mit Stacheln von Schaffhausen her flussaufwärts gestossen werden. Auch wir spüren die Paddelarbeit, nicht nur in den Oberarmen, sondern auch im Magen. Hunger! Ein schattiger Platz am rechten Ufer ist bald gefunden. Über der Glut braten wir die mitgeführten Köstlichkeiten.

Immer mehr «Stachler» kommen uns auf der Weiterfahrt entgegen. Am rechten Ufer rückt Büsingen ins Blickfeld, und bald kündigen die zahlreichen am Ufer vertäuten Boote die Nähe Schaffhausens an. Am rechten Ufer, kurz vor dem Salzstadel, legen wir an. Krönender Abschluss der Besuch (zu Fuss) des Rheinfalls: Die Kinder stehen mit erstaunten Augen und gischtbesprühten Gesichtern auf der sicheren Aussichtskanzel, ganz nahe bei den tosenden Wassermassen. Unweigerlich ertönt die Frage: Ist der Rheinfall schon einmal «gefahren» worden? Ja, schon zweimal, bei niederem Wasserstand, von «verrückten» Kajakfahrern. Sie haben überlebt. Verrückt!

Stein am Rhein ist eines der schönsten und meistbesuchten Schweizer Städtchen.

info

Weitere Strecke

Chur–Bodensee: Der Rhein, hier Alpenrhein genannt, kann bereits vor dem Bodensee auf einer Strecke über 82 Kilometer befahren werden. Also sicher ein Zweitageunternehmen mit Camping. Bahnanschluss, □ 880. Der Flusslauf ist ab dem Knie bei Sargans in hohe Dämme gezwängt. Das Naturerlebnis wird dadurch zwar geschmälert, doch entschädigt dafür die Sicht auf die hohen Rheintaler Berge. Der Abschnitt ist ganzjährig befahrbar und wegen einiger künstlicher Blockwurfschnellen (ansehen) teilweise technisch anspruchsvoll. Nach der Schneeschmelze (Mai/Juni) und nach langen Regenfällen wasserreich, schnell fliessend, Wasser vom Sand getrübt, kalt.

Leicht, auch für Schlauchboote – wenig befahrene Zweitagestour, vorbei an historischen Ortschaften

Rheinromantik auch ohne Lorelei

An- und Rückreise
Mit den SBB bis Dachsen (□762). Weitere Ein- und Ausstiegsmöglichkeiten ab Eglisau (□ 1700 S5, 701, 760), bis Koblenz. Mit dem Auto: Parkplätze in Dachsen und den anderen Ortschaften (je nach Wahl).

Fahrzeit
Ganze Strecke Dachsen–Koblenz rund 8–10 Stunden (54 km, bis Zurzach 46 km).

Flusscharakter
Wasserreicher, breiter, nach der Schneeschmelze (ca. Mai–Juli) schnell fliessender Strom. Fünf Wehre mit Staubereichen. Wasser sauber, kalt.

Befahrbarkeit
Ganzjährig befahrbar. Ab Hochsommer verlängern sich die Staubereiche (Wasserführung und Tempo nehmen ab).

Picknick/Camping
Viele Möglichkeiten am Ufer, Campingplätze in Flaach und Zurzach.

Orientierung
Karte der Landestopographie, Blatt 215 Baden, 1:50 000. Identitätskarte mitführen.

Sehenswertes
Rheinfall, Kloster Rheinau, Eglisau, Kaiserstuhl, Zurzach.

Die ganze Kanuflotte wird beim Kraftwerk Rheinsfelden mit dem «Wasserlift» befördert.

Beim Fussgängersteg Dachsen-Nohl wird ein Dutzend Kähne gewassert, Kajaks, Kanadier und auch Gummiboote. Mit von der Partie sind ebenfalls Kinder. Kleider, Esswaren, Zelte und Schlafsäcke haben wir wasserdicht verpackt, die Passagiere für die erste Etappe auf die Wasserfahrzeuge aufgeteilt. Bereits nach sechs Kilometer Fahrt müssen wir das Wehr des Kraftwerks Rheinau rechts umtragen; das später folgende Inselkloster lassen wir links liegen. Träge fliesst der Fluss, wir paddeln bis zu den nächsten Wehren vor und nach Schwaderloch und tragen die Boote und die Bagage jeweils auf der linken Seite, am Schweizer Ufer, um. Nun lassen wir uns gemächlich treiben, hel-

Einstieg bei der Fussgängerbrücke Dachsen–Nohl (P 5 Min. vom Einstieg). Ausstiege nach Wahl. Beste Variante: So weit fahren, wie Zeit zur Verfügung steht, dann mit dem Zug zurück zum Auto. In Eglisau umsteigen, Richtung Schaffhausen, bis Station Altenburg–Rheinau. Zu Fuss zum Einstieg zurück (20 Min. über deutsches Gebiet).

fen hie und da mit dem Paddel nach. Bäume säumen das Ufer. Die «Bootsbesatzungen» gehen abwechslungsweise baden, schwimmen ein Stück weit neben den Kähnen her und begegnen Enten und Taucherli. Der Fluss ist gutmütig und ungefährlich, und Schwimmwesten machen den Plausch erst recht zum sicheren und bequemen Vergnügen.

Einen guten Kilometer unterhalb des Dorfes Ellikon mündet die gedämmte Thur ein, nach etwa sechzehn Kilometer Rheinfahrt. Im «Niemandsland» zwischen den Hochwasserdämmen und dem Fluss bieten sich ideale Plätze für das vorgesehene Nachtlager. Wir schlagen die Zelte auf, sammeln Holz, machen Feuer und bräteln. Spät erst gibt es Ruhe, denn die Kinder finden es «irrläss».

Anderntags wecken uns im Morgengrauen Vogelstimmen, und gleich ist die ganze Bande munter. Morgentoilette auf Kiesbänken am Ufer, Kochen, Essen, Abbruch des Lagers und Aufbruch (ohne Überbleibsel zurückzulassen). In einem weiten Bogen gleiten wir zwischen Flaach und Rafz durch, und schon fliesst der Rhein nach einer scharfen Rechtskurve unter den Rebhängen von Rüdlingen und Buchberg durch. Im Einschnitt zwischen Irchel und Buchberg strömt der Fluss durch eine Waldschlucht. Dann ein scharfer Knick nach Nordwest und die Einmündung der Töss bei der Tössegg. Wieder wird die Strömung schwächer; der Rückstau des Kraftwerks Eglisau wirkt sich aus. Und wie gestern erholen sich die Paddler abwechslungsweise beim Schwimmen. Bei Zwischenlandungen tauschen manche die Kähne.

Rechter Hand am Sonnenhang kündigen Weingärten Eglisau an. Während der gemütlichen Durchfahrt beschauen wir ausgiebig die «Wasserfront» des alten Brückenstädtchens. Unterhalb von Eglisau wird der Rhein wieder zum internationalen Gewässer, und wir nähern uns dem Kraftwerk Rheinsfelden. Der Wärter erklärt sich spontan bereit, unsere nicht angemeldete «Flotte» in der Schleuse auf das Niveau des Unterwassers abzusenken. Im grossen Schacht fahren wir in unseren Booten gewissermassen Lift. Das Schleusentor wird geöffnet, staunend gleiten wir auf den Fluss hinaus. Schilfgürtel und Gebüsch säumen nun wieder links und rechts die Ufer.

Kurz nach dem Aufbruch passieren wir die Zwergstadt Kaiserstuhl. Das stete, sanfte Plätschern der Paddel ist unsere «Wassermusik» weiter rheinabwärts. Das Kraftwerk Reckingen verlangsamt die Strömung. Wir umtragen Boote und Bagage links, und danach wird die Fahrt wieder zügiger. Rasch erreichen wir das Ziel Zurzach, den alten und während Jahrhunderten in ganz Europa bekannten Messeort.

In früheren Zeiten war Kaiserstuhl Etappenziel für die Handelsreisenden auf dem Rhein.

info

Weitere Strecke

Zurzach–Koblenz (Basel): Die 8 Kilometer lange Weiterfahrt bis zur Strassenbrücke in Koblenz (Bahnanschluss, □ 701, 702) ist beim «Koblenzer Laufen» technisch anspruchsvoll, jedoch unproblematisch. Die vor einer Rechtskurve beginnende, ca. 600 Meter lange Wellenstrecke wird nach harmlosem Beginn zusehends wuchtiger. Sie ist mit ca. 30 Meter Abstand vom rechten Ufer zu befahren. In der Flussmitte befinden sich grosse, zerklüftete Felsrippen, links ist die Durchfahrt ungünstig.

Die Weiterfahrt von Koblenz bis Basel ist wohl möglich, lohnt sich jedoch wegen mehrerer langer Umtragestrecken bei Wehren weniger.

Leicht, bei der Schneeschmelze auch für Schlauchboote – wenig befahrene Strecke bis zur französischen Grenze

Der Westen ist gar nicht so wild

An- und Rückreise
Mit den SBB bis Genf (□ 150), und mit dem Bus ab Chancy (□ 149.15). Mit dem Auto: Bis zum Quai du Seujet (Einstieg, P suchen) und ab Zoll Chancy (Ausstieg, P).

Fahrzeit
Coulouvrenière-Brücke–Chancy rund 4–5 Stunden (22 km).

Flusscharakter
Breiter, wasserreicher, träg fliessender Strom mit grossen Flussschlaufen; wenig befahren. Zwei Wehre mit Staubereichen. Nachmittags oft Gegenwind. Wasser von Gletschersand getrübt, kalt.

Befahrbarkeit
Ganzjährig befahrbar (nach der Schneeschmelze ca. Juni/Juli schneller fliessend – später lange Staubereiche).

Picknick/Camping
Möglichkeiten am Ufer (zum Teil dichtbewachsene Uferböschungen). Campingplätze am Genfersee; wilde Plätze am Fluss in Ausstiegsnähe.

Orientierung
Karte der Landestopographie, Blatt 270 Genf, 1:50 000.

Sehenswertes
Genf und kleine Weinorte im Grenzzipfel nördlich der Rhone.

Unter dem Pont de la Jonction, kurz nach der Vereinigung von Rhone und Arve.

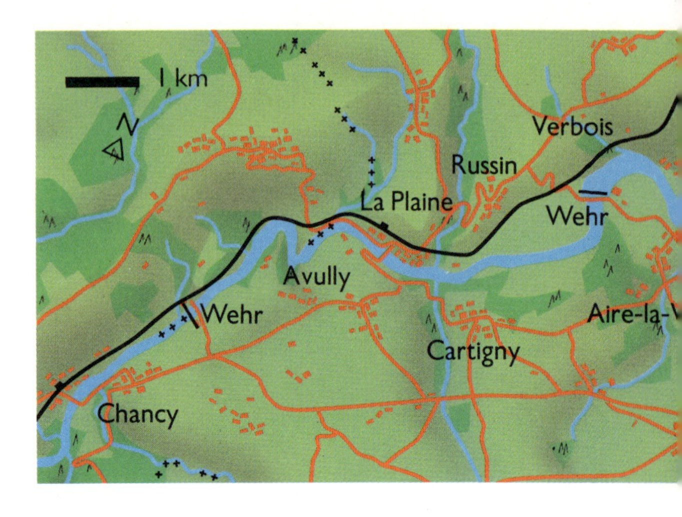

Ganz einfach haben wir's uns vorgestellt: Irgendwo im unteren Genferseebecken zu starten, vielleicht noch eine kühle Dusche unter dem Jet d'Eau, der riesigen Fontäne, dem Wahrzeichen Genfs, zu nehmen, dann unter dem Pont du Mont Blanc durchzufahren und auf der Rhone in den westlichsten Zipfel der Schweiz zu entschwinden. Unserem ursprünglichen Vorhaben setzt der Pont de la Machine jedoch eine unfahrbare Barriere in den Weg. Die Brücke ist zugleich ein Wehr, mit dem der Abfluss der Rhone aus dem See geregelt wird. Die günstigste Einbootstelle finden wir erst am Ende des Quai du Seujet, zwischen dem Pont de la Coulouvrenière und dem Pont Sous-Terre. Eine Rampe führt direkt ins Wasser und ermöglicht uns einen bequemen Einstieg, sie ist für jeden Wasserstand günstig. Gemächlich nimmt uns die schwache Strömung mit, Hochhäuser und Verkehrsgewimmel der Weltstadt lassen wir hinter uns.

Genf steht als Synonym für internationale Verhandlungen, für Weltoffenheit und internationale Geschäfte. Hier haben sich die Uno, 180 internationale Organisationen und ihre diplomatischen Missionen nie-

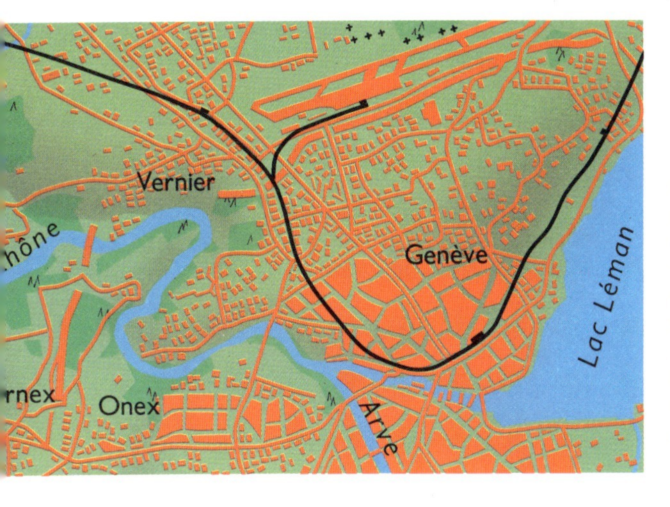

Einstieg beim Quai du Seujet (15 Min. vom Bahnhof, zwischen Coulouvrenière-Brücke und Sous-Terre-Brücke). Ausstieg am Zoll Chancy bei der Strassenbrücke (vor der Zolltafel rechts auf dem Uferweg P).

dergelassen. Genf – das ist auch der Geburtsort des Philosophen Jean-Jacques Rousseau. Henri Dunant gründete hier das Rote Kreuz, und Calvin verbreitete von Genf aus seine Reformen.

Unterdessen nähern wir uns auf dem breiten Strom einem architektonisch interessanten Brückenbau: dem Pont de la Jonction. Pate für seinen Namen standen die Vereinigung von Rhone und Arve. Das blaue, sommers im Genfersee aufgewärmte Wasser vermischt sich kurz vor dieser Eisenbahnbrücke mit dem trüben Gletscherwasser der einmündenden Arve. Aus dem Mont-Blanc-Gebiet kommend, trägt sie jede Menge Gletschersand mit sich und vermag auch die Wassertemperatur der Rhone herabzusetzen.

Wenig später gleiten wir unter einer weiteren hohen Steinbogenbrücke durch. Hier im tiefen Flussbett ist nichts vom pulsierenden Verkehr zu merken. Auf dem Fluss ist kaum mit Betrieb zu rechnen. Hohe, dichtbewachsene Böschungen säumen die Ufer auf der ganzen Fahrt; Picknickplätze sind deshalb rar. Schwärme von Wasservögeln kreisen über unseren Köpfen, während wir auf den Flusswindungen dahingleiten.

Die Gegend oberhalb unseres tiefliegenden Blickpunktes ist wenig attraktiv und mit zahlreichen Industrie- und Wohnbauten verstellt. Ländliche Idylle ist jedoch in den kleinen Weinorten nördlich des Flusslaufs zu finden, in Dörfern, in denen die Zeit stillzustehen scheint; Gebäude mit blumenbeladenen Fenstern und Innenhöfen wie aus dem Bilderbuch.

Die Rhone ist hier ein ruhiger Wanderfluss, auf dem vor allem die Arme zum Einsatz kommen. Doch oberhalb des Genfersees ist die Rhone, auf ihrem langen Weg von der Gletscherwelt durchs Wallis, zünftiges Wildwasser mit wechselnden Schwierigkeitsgraden. Aber auch einfache Abschnitte, etwa von St-Maurice bis in den Genfersee, sind befahrbar. Ihn macht die Rhone mit einem mittleren Zufluss von 200 Kubikmetern pro Sekunde zum wasserreichsten See Mitteleuropas. Obwohl in der Fläche nur wenig grösser als der Bodensee, speichert der Genfersee mit einem Volumen von rund 90 Milliarden Kubikmetern fast 80 Prozent mehr Wasser. An seiner tiefsten Stelle, zwischen Lausanne und Evian, beträgt die Tiefe 310 Meter.

Diese Wassermassen zu stauen und für die Elektrizitätserzeugung nutzbar zu machen, bringt uns Wasserfahrern zusätzliche Paddelarbeit, wie jetzt vor dem Stauwehr und Kraftwerk Verbois. Das Umtragen auf der rechten Seite beschert uns einen zusätzlichen «Chrampf». Dafür geht es nach dem Einsetzen vorerst in flottem Tempo weiter. Der nächste Stau und der nun aufkommende Gegenwind verdirbt uns fast den Spass. Beim Kraftwerk Chancy-Pougny booten wir am linken Ufer aus und umtragen rund 100 Meter bis zu einem Tor, dessen Schlüssel wir bei einem Angestellten erhalten. Nur noch zwei Kilometer sind es bis zum Ausstieg. Die erste Landemöglichkeit ist links in einer kleinen Bucht, eine zweite bei der Einmündung eines kleinen Baches. Als Finale befahren wir jedoch die rassige Schnelle unter der Eisenbrücke durch – und befinden uns schon in Frankreich.

Weitere Strecken

Die Rhone ist auch vor ihrem Einfluss in den Genfersee, im Wallis, befahrbar – aber mit unterschiedlichen Schwierigkeitsgraden und nicht durchgehend. Die Strecke von Oberwald bis Niederwald bietet anspruchsvolles Wildwasser für Kanadier (siehe S. 125). Von Fiesch/Grengiols bis Brig ist die Rhone zum grössten Teil schweres Wildwasser und nur mit dem Kajak befahrbar. Ab Brig ist der Fluss breit und weitgehend in Dämme gezwängt, mit dichtbewachsenen Ufern. Das einzige frei und wild fliessende Stück zwischen Leuk und Sierre ist nur scheinbar für Schlauchkanadier geeignet; denn bei hohem Wasserstand entstehen erhebliche Brecher, Walzen und Löcher. Bei intensiver Schmelze und nach starken Regenfällen sind auch die einfachen Abschnitte mit grossem Wasserdruck schnell fliessend. Alle Strecken mit Bahnanschluss (□ 100).

Brig–Leuk: 28 km, Einstieg bei der Bahnhofunterführung, Ausstieg vor der Eisenbahnbrücke (später gefährliches Wehr). Ansehen: Vor und nach der Brücke bei den Lonza-Werken Visp und 2 km nach der Strassenbrücke Visp-Baltschiedern künstliche Blockstufen (bei hohem Wasserstand machen tiefhängende Sträucher das Anlanden schwierig).

Chippis–Evionnaz: 51 km, Einstieg unterhalb der Brücke Chippis–Sierre, Ausstieg bei der Brücke von Collonges vor dem Wehr von Evionnaz. Ansehen: Eventuell Baggerseil beim Kieswerk nach der Brücke in Sion. An Nachmittagen oft starker Gegenwind.

St-Maurice–Genfersee: 25 km, Einstieg an der Strassenbrücke St-Maurice–Lavey oder nach der Brücke beim Château (bei hohem Wasserstand Turbulenzen), Ausstieg beim Strandbad Bouveret.

Leicht, auch für Schlauchboote – auf zwei Berner Flüssen durch eine behäbige, stille Landschaft

Sandsteinflühe, Galeriewälder

An- und Rückreise
Für Bahnbenützer ist die Fahrt erst ab Laupen (□257) möglich, bis Aarberg (□251). Mit dem Auto: Parkplätze beim Schiffenensee und bei Aarberg.

Fahrzeit
Schiffenensee–Aarberg rund 4 Stunden (23 km). Kürzere Variante bis Kraftwerk Niederried 18 km.

Flusscharakter
Saane: Anfänglich schmaler, dann breiter werdender Flusslauf mit mässiger Strömung. Aare: Breiter, mässig schnell fliessender Strom. Zwei Wehre mit Staubereichen.

Befahrbarkeit
Der Abschnitt vom Saanespitz zum Kraftwerk Niederried ist Naturschutzgebiet. Fahrverbot vom 1.12. bis 31.3. Saane: kraftwerkabhängig,wochentags bis nach Mittag höherer Wasserstand (Info KW Schiffenen, Tel. 026/674 13 03). Aare: Nach der Schneeschmelze schnell fliessend. Wasser sauber, kalt.

Picknick
Viele Möglichkeiten am Ufer; im Naturschutzgebiet Feuer und Camping verboten.

Orientierung
Karte der Landestopographie, Blatt 5016 Bern/Fribourg, 1:50 000.

Sehenswertes
Laupen und Aarberg.

Im schmalen, vom Wasser ausgewaschenen Sandsteinkanal der Saane, nach dem Schiffenensee.

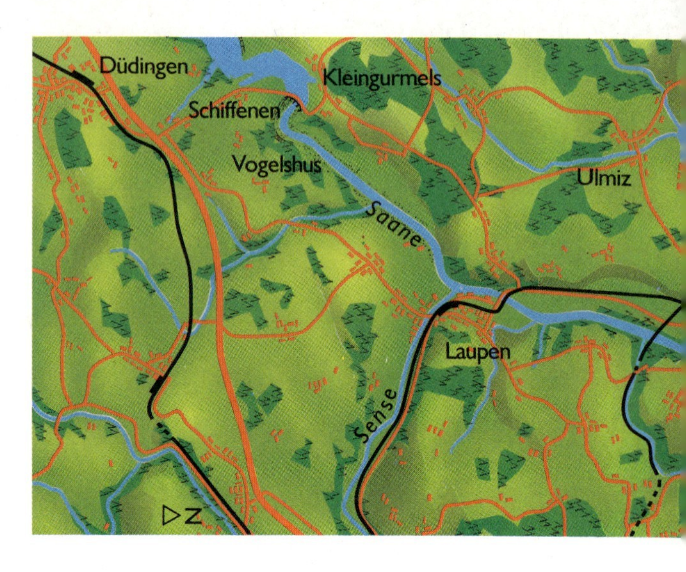

Die Anreise durch das Bernbiet und das historische Städtchen Laupen, mit seinem trutzigen Schloss und den behäbigen Häusern, lässt uns für einige Zeit die Vorfreude auf die Bootsfahrt vergessen. Inmitten dieser Häuserpracht, aus der das Rot der Geranien leuchtet, scheint die Zeit stillzustehen. Einzig das Wasser der Brunnen ist in Bewegung, als wir durch das Freiburger Tor zum Läubliplatz spazieren.

Dann, im Kessel der steilen Sandsteinfelsen, am Fusse der Staumauer des Schiffenensees, bestaunen wir ein Bauwerk der Moderne. Wie ein betoniertes Fussballfeld wirkt der Vorplatz, auf den beim Ablassen des Speicherbeckens die Wassermassen donnern. Wir stehen am Rande eines natürlichen Sandsteinkanals, für uns stellt sich daher das Problem, die Boote auf das fünf Meter tiefer fliessende Wasser zu setzen. Aber da entdeckt jemand ein Felsband, das sich schräg zum Wasser hinunterzieht und für unser Vorhaben geeignet zu sein scheint. Mit einem mulmigen Gefühl in der Magengegend tragen wir die Boote über den schlüpfrigen Fels zum Wasser. Auch die Tafel am

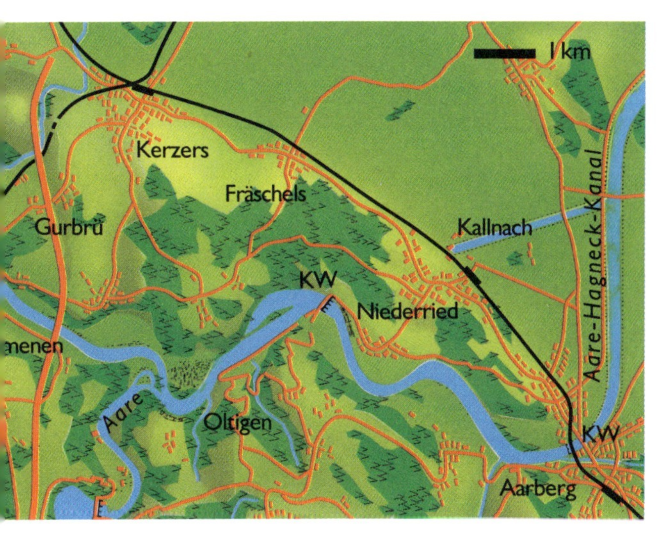

Einstieg: Auf der Landstrasse zwischen Aarberg und Düdingen dem Wegweiser «Vogelhus» folgen, steil abwärts, bei einer Wegverzweigung links halten. Ausstieg: Zwischen Aarberg und Bargen, flussaufwärts, beim Kraftwerk. Oder: Zwischen Aarberg und Radelfingen, wo die Strasse dem Fluss entlang führt. Zum Autoverstellen mit der Bahn in Kerzers und Gümmenen umsteigen (□251, 220, 257).

Kanalrand mit der eingezeichneten Flutwelle und der Warnung vor plötzlich ansteigendem Wasser macht uns unsicher. Doch laut Auskunft soll das Wasser auch bei einem schnellen Ablassen aus dem Stausee nur mässig rasch steigen. Ein Blick auf das gemächlich strömende Wasser lässt auch die Ängstlichsten unter uns nicht mehr zögern, die Boote zu wassern.

In beinahe gerader Richtung, ohne markante Biegungen, hat sich das Wasser ins weiche Gestein gefressen. Kleine Rinnsale zwischen den Uferbüschen plätschern über nasse Felsen in den Kanal hinab. Die Wände links und rechts werden allmählich flacher und wechseln in schräge Sandsteinplatten über. Doch dann kommt doch noch ein scharfer Rank, der einer Crew zum Verhängnis wird. Nachdem ihr ein anderes Boot unserer Flotte den Weg abgeschnitten hat, rammt sie mit ihrem Kanadier eine Felswand. Der Schaden ist nicht gross, und die am andern Ufer badenden Kinder haben ihr Vergnügen.

An der von rechts, im Sommer spärlich Wasser zuführenden Sense und der folgenden Strassenbrücke können wir uns weiter orientieren. Wir müssen uns jetzt in der Gegend von Laupen befinden, ohne allerdings «vom Bach aus» das auf dem Berg thronende Schloss erspähen zu können.

Der Fluss wird breiter, das Wasser dadurch seichter, so dass wir nur wenige Zentimeter über den glattgeschliffenen Steinen hinweggleiten. Die Uferpartien sind dicht bewaldet und mit Büschen gesäumt. Hoch über uns schwebt der eindrückliche Eisenbahnviadukt, und bald darauf passieren wir die neue Strassenbrücke und unmittelbar danach die alte Holzbrücke von Gümmenen. Graureiher und Wildenten ziehen über unseren Köpfen dahin. Bei der Weiterfahrt kündigt die beinahe drohend wirkende Autobahnbrücke den Saanespitz an. Hier vermischt sich die sattgrüne Saane mit der milchiggrünen Aare. Die Sandsteinfelsen rücken erst rechts, dann links wieder näher an den Fluss heran.

Trotz der grossen Wassermengen der Aare wird unsere Fahrt merklich langsamer. Der Rückstau des Kraftwerks Niederried macht sich schon hier bemerkbar. Wir müssen kräftig mit den Paddeln nachhelfen, um die dreieinhalb Kilometer durch das Naturreservat bis zum Kraftwerk zurückzulegen. Der Ausstieg ist rechts signalisiert. Wir schleppen Boote und Gepäck übers Land und setzen erneut ein. Jetzt ist Vorsicht geboten. Das Wasser schiesst mit starker Strömung aus der Anlage. In flottem Tempo, links und rechts von Dämmen begleitet, die das Kulturland vor Hochwasser schützen sollen, setzen wir die Fahrt fort. Im nun tieferen Wasser der Aare macht das Baden richtig Spass.

In drei grossen Schlaufen geht es dem zweiten Stau und dem Ende unserer Flussfahrt, dem Kraftwerk Aarberg, entgegen. Sobald die Wehranlagen in Sichtweite rücken, zeigt sich in der Ferne unterhalb einer Wolkenbank der Jura. Hier wird die Aare zweigeteilt: Der alte Flussarm schlängelt sich wie ein Dschungelfluss bis Büren (siehe Seite 26ff.), das Hauptwasser aber strebt in einem künstlich angelegten Kanal durch das Grosse Moos dem Bielersee zu.

Schöne alte Riegelbauten säumen den Läubliplatz in Laupen.

info

Überraschende Gewässer

Erstaunlich, die Saane entspringt im Wallis. Oben am Sanetschpass, wo der Kanton Wallis über die Wasserscheide reicht, heisst der Bach, der den Lac de Senin (Sanetschsee) speist, bereits Sarine (Saane). Später strömt der Fluss durch bernisches, waadtländisches, freiburgisches und nochmals bernisches Kantonsgebiet. Der von der Saane durchflossene Lac de Gruyère ist flächenmässig (9,6 km²) der zweitgrösste, der Schiffenensee (4,25 km²) der viertgrösste Speichersee der Schweiz. Die grösste Fläche besitzt der Sihlsee (10,85 km²). Beim Bau des Schiffenensees wurde Bonn unter Wasser gesetzt, ein Bad und Weiler auf Düdinger Gemeindegebiet.

Die Saane, einst ein klassischer Wildfluss, wurde durch die Anlegung des Greyerzer- und des Schiffenensees zur Stromerzeugung zum Zahmwasser. Einzig im oberen Abschnitt, von Gsteig bis Rossinière, ist die Saane heute noch zünftiges Wildwasser (siehe Seite 126).

Leicht, auch für Schlauchboote (bis unterhalb Andelfingen) – auf einem «Einsteiger»-Fluss

Auf zur Tour de Thur

An- und Rückreise
Für Bahnbenützer ist die Fahrt erst ab Andelfingen (□762) möglich, bis Eglisau (□701, 760). Mit dem Auto: Verschiedene Ein- und Ausbootstellen (s. Karte).

Fahrzeit
Je nach Ein- und Ausbootstelle – fünf bis sieben Flusskilometer pro Stunde.

Flusscharakter
Mässig schnell fliessend, zuerst kanalisiert, dann schöne Flussschlaufen. Dichtbewaldete Ufer. Staubereich im Rhein ab Rüdlingen/Buchberg. Wasser mässig sauber, ab Vorsommer warm.

Befahrbarkeit
Ab ca. Mitte April. Ausser nach langen Regenfällen ab Hochsommer (ca. Juli) wenig Wasser, aber fahrbar.

Picknick/Camping
Viele Möglichkeiten am Ufer. Campingplätze in Andelfingen und am Rhein bei Flaach.

Orientierung
Wanderkarte des Kantons Zürich, 1:50 000 (Orell Füssli).

Sehenswertes
Weinorte Andelfingen, Rüdlingen, Eglisau.

Auf der Thur vor Andelfingen: Hier herrscht reges Treiben auf dem seichten Fluss.

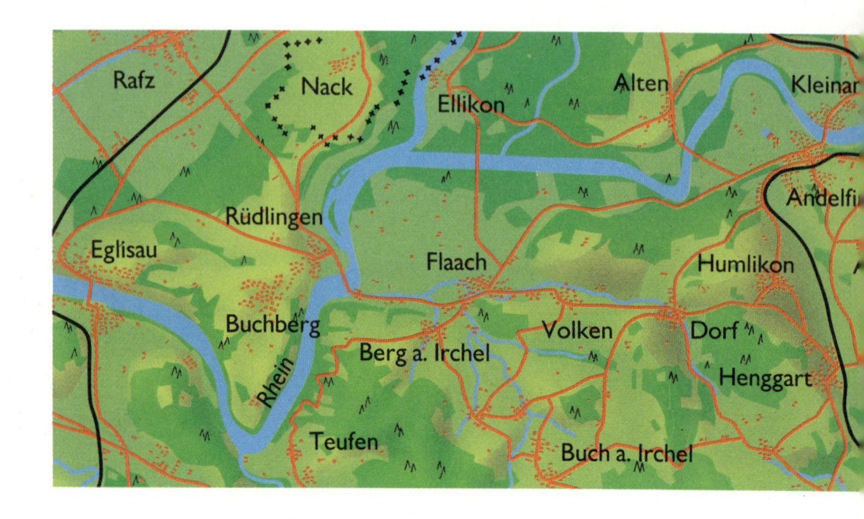

Unsere Flussfahrt für «Einsteiger» beginnt bei der Thurbrücke an der Strasse Frauenfeld–Warth, in der Nähe der sehenswerten Kartause Ittingen. Gemächlich nimmt uns die schwache Strömung des im Sommer wenig Wasser führenden Flusses mit. Picknick und Kleider sind wasserdicht in Säcke verpackt.

Die Thur und ihre Nebenflüsse, Necker und Sitter, entwässern mit den Churfirsten und dem Säntis ein grosses Gebiet. Trotzdem bleibt die Thur nach der Schneeschmelze im Frühling ein von Niederschlägen abhängiger Regenfluss mit grossen Wasserschwankungen. Verheerende Hochwasser brachten die Thur schon mehrmals in die Schlagzeilen. Auch über das Gerangel um die vom Kanton Zürich geplanten und zum Teil schon ausgeführten Flusskorrektionen zum Schutze der landwirtschaftlichen Betriebe ist allenthalben zu lesen. Die Naturschützer wollen eine sanfte Verbauung, die Behörden eine millionenschwere Ufersicherung verwirklichen.

Hunderte von Erholungsuchenden lagern an schönen Sommerwochenenden an den idyllischen Ufern zum Picknicken und Baden. Man muss sich fragen, ob

überhaupt noch mehr Leute zum Flussabenteuer animiert werden sollen. Doch die Thur mit ihrem seichten Wasser bietet sich für Kanuanfänger als geradezu ideal an, um erste Fluss- und Bootserfahrungen zu sammeln. Später können anspruchsvollere und spannendere Befahrungen gewagt werden. Auch für die Thur gilt: Schlechte Schwimmer tragen Schwimmwesten, Kinder tragen Flügeli.

Unsere Jungfernfahrt führt schnurgerade nach Westen. Die Etappe bis Uesslingen und Gütighausen, wo die erste grosse Flusskurve beginnt, scheint beinahe langweilig. Die Ufer sind kanalisiert, die Böschungen mit Büschen und Bäumen bestanden. Diese Strecke eignet sich aber bestens zum Einpaddeln, und wir können in Teamarbeit das Manövrieren erlernen.

In weiten Schleifen mit flachen Kiesbänken fliesst die Thur Andelfingen zu. Hoch über uns schwebt die Betonstrassenbrücke, auf der rechten Seite lugen die Wohnwagendächer und Zeltspitzen eines Campingplatzes über die nun höher werdenden, waldbestandenen Uferborde. Dann gleiten wir unter einer gedeckten Holzbrücke durch. Ganze Völkerstämme

Ein- und Ausstiege nach Wahl. Ab Brücke Frauenfeld–Warth bis Uesslingen 4 km; bis Brücke Altikon–Niederneunforn 4 km; bis Gütighausen 4 km; bis Andelfingen 6½ km; bis Flusskurve Strassennähe Grossandelfingen–Flaach 4 km; bis Brücke Flaach–Ellikon 3½ km; bis Rüdlingen 4 km; bis Eglisau 7 km. Zum Autoverstellen mit der Bahn von Eglisau zurück über Bülach–Winterthur (□701, 762) oder über Neuhausen bzw. Schaffhausen (□760,762).

Bei der Weiterfahrt auf dem Rhein kommt man an den Weinbergen und der Kirche von Buchberg vorbei.

scheinen sich hier niedergelassen zu haben. Von zahllosen Grills steigen Rauchwölklein in den Himmel und Wohlgerüche in unsere Nasen. Mit bunten Sonnenschirmen und phantasievollen Hüten versuchen die blassen Städter, ihre Haut vor Verbrennungen zu schützen. Aus Kofferradios dröhnen Töne aller denkbaren Musikrichtungen.

Auch auf dem Wasser ist der Teufel los: Autoschläuche, Luftmatratzen und Plastikboote – eines mit aufblasbarer Palme! –, besetzt mit Grossfamilien und sogar mit Hunden, treiben gemütlich auf dem Fluss. Dem Rummel entrinnen wir erst, nachdem die Thur wieder gerade nach Westen fliesst. Automobilisten finden in der letzten Kurve eine günstige Ausbootstelle, da sich hier die Strasse Andelfingen–Flaach dem Fluss nähert. Schnurgerade fliesst nun die Thur, in hohe Dämme gezwängt, bis zur Einmündung in den Rhein. Anfänger sollten nun ihre Boote auf dem wasserreichen Fluss bis nach Eglisau oder noch weiter paddeln können. Dies wäre allerdings ein Zweitageunternehmen mit einer Übernachtung auf einem Campingplatz (oder am Flussufer). Zudem ist auf dem bei Eglisau gestauten und schon ab Rüdlingen träg fliessenden Rhein tüchtige Paddelarbeit gefragt. Aber gerade sie macht zünftiges Flusswandern erst lohnend und attraktiv.

Gold in Schweizer Flüssen

Goldführend sind die meisten Flüsse des Thurgaus. Besonders reich gesegnet scheint die Glatt, goldarm jedoch die Thur zu sein. Am Nordhang des Irchels, bei Kloten und im Tösstal bis Bülach hin findet sich Gold in den Bächen.

Der Ursprung der Goldflitter, die heute in den Fliessgewässern der Nordostschweiz driften und örtlich dort angereichert werden, wo die Strömung die leichteren Bestandteile der Flusssedimente fortführt, liegt zum Teil in älteren Moränen aus der Eiszeit. Hauptlieferant jedoch war der grosse Rheingletscher der jüngsten sogenannten Würmvereisung, der mit seinen Zungen den Thurgau und weitgehend das Zürcher Oberland überflutet hatte: Er brachte im Gletscherschutt Gold aus dem Hinterrhein sowie aus dem Vorderrhein mit, wo Goldlagerstätten im Felsgestein bekannt sind.

Auch das reichste Waschgoldgebiet der Schweiz – das Napfgebiet – hat zu der Goldführung der heutigen Ströme in der Nordostschweiz beigetragen. Deren Sediment stammt zum Teil aus der Erosion von geologisch viel älteren Sandsteinschichten, die damals in der Warmzeit des Tertiärs durch Meeresströmungen aus dem Napfgebiet abtransportiert und im Raum St. Gallen–Rorschach abgelagert wurden. Sie könnten zum Beispiel das Gold geliefert haben, das heute in der Sitter gewaschen werden kann.

Am goldreichsten ist der Hochrhein etwa vom Rheinknie bei Schaffhausen bis nach Zurzach, wo allein in drei von sechs Waschversuchen jeweils mehr als 500 Goldflitter pro Kubikmeter Schotter gefunden wurden. (Rund 1000 Goldflitter entsprechen etwa 40 Milligramm Gold.)

Der Rheinfall selbst betätigt sich als Goldkonzentrierungsanlage. In den Strudellöchern unterhalb des Falls lassen sich relativ reiche Funde machen.

Leicht bis technisch anspruchsvoll, auch für Schlauchboote – durch eine schöne Schlucht im hügeligen Toggenburg

Indianerkatarakt und Nagelfluh

An- und Rückreise
Mit der Bahn ins Toggenburg, bis Bütschwil (□853) und ab Schwarzenbach (□850). Mit dem Auto: Parkplätze am Einstieg in Bütschwil (gebührenpflichtig) und bei der Thurbrücke Schwarzenbach.

Fahrzeit
Bütschwil–Schwarzenbach rund 3 Stunden (15 km).

Flusscharakter
Schmaler Flusslauf mit engen Kurven und Felsen, zum Teil schnell fliessend. Wasser mässig sauber, im Frühling kalt.

Befahrbarkeit
Nach der Schneeschmelze (ca. April/Mai), später nur nach längeren Regenfällen (Info über Wasserstand beim Rest. «Schwarzenbacher Brücke», Tel. 071/923 28 98, Mittwoch geschlossen).

Picknick/Camping
Viele Möglichkeiten am Ufer. Camping beim Einstieg (nach Anmeldung).

Orientierung
Karte der Landestopographie, Blätter 216 Frauenfeld und 226 Rapperswil, 1:50 000.

Nur für Könner: die heikle Befahrung des Wasserfalls bei Schwarzenbach.

METZELER

Einstieg unterhalb Bahnstation Bütschwil. Ausstieg vor der Eisenbahnbrücke Schwarzenbach (jeweils 1 km vom Bahnhof). Unfahrbares Wehr bei Bazenheid. Wasserfall nach dem Ausstieg gefährlich (nur für Könner). Zum Autoverstellen mit der Bahn in Wil umsteigen. Die Weiterfahrt auf der Thur ist möglich.

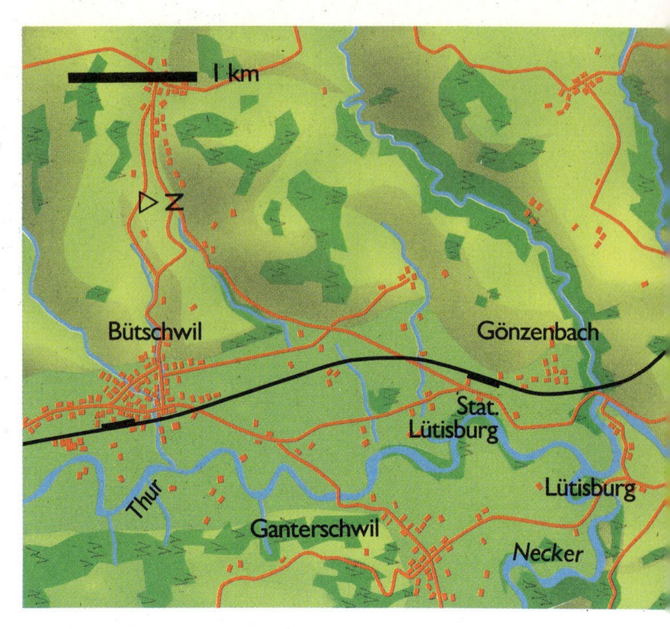

Als schönster Abschnitt der Thur gilt die 15 Kilometer lange Strecke zwischen Bütschwil und Schwarzenbach, wo sich der Fluss, eingebettet in die grüne Hügellandschaft des Toggenburgs, in vielen Windungen an hohen Nagelfluhwänden vorbeischlängelt. Es ist zugleich auch der sportlichste Teil des Flusses. Und obwohl die Thur kein reissendes Wildwasser ist – von Hochwassern abgesehen –, sollte man die Steuerung des Bootes beherrschen und erste Erfahrungen auf Mittellandflüssen wie Aare, Limmat, Reuss, Rhein oder Saane gesammelt haben. Es gilt nämlich, viele Steine und Felsen zu umschiffen und in den zahlreichen Kurven den Steinbänken auszuweichen, um nicht aufzusitzen.

Doch zunächst zur Einbootstelle; sie ist nicht leicht zu finden. Am Südende des Bahnhofs Bütschwil überquert unsere Autokarawane, beladen mit fünf Meter langen

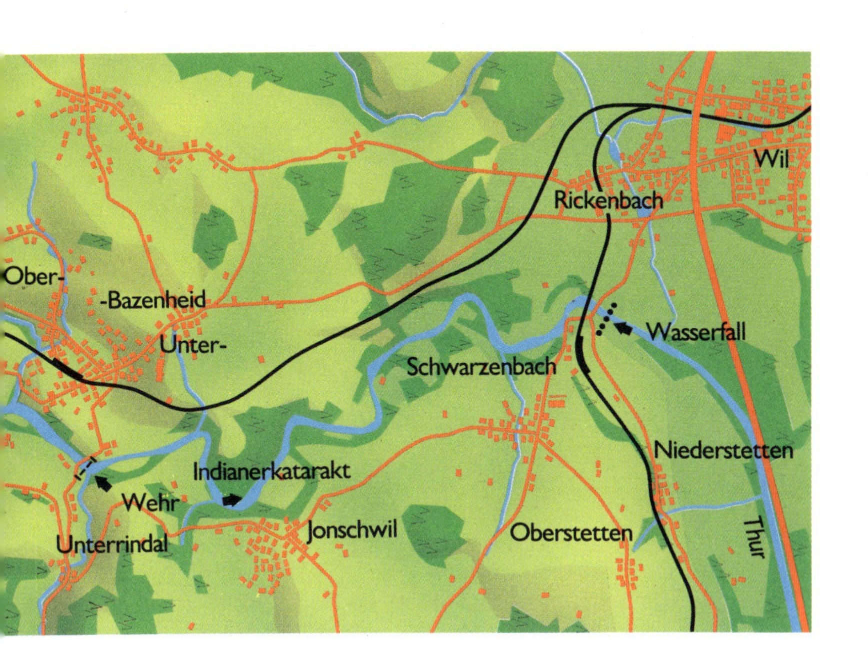

Kanadiern und Kajaks, den Bahnübergang Richtung Weberei Dietfurt. Erste Schikane: Eine Fahrverbotstafel verwehrt die weitere Zufahrt zum Flussufer. Doch nach der nächsten Wegbiegung können wir beim untersten Bauernhof gegen eine kleine Gebühr eine «Tageskarte» für den Parkplatz direkt an der Thur lösen.

In flotter Fahrt nimmt uns die Strömung mit. Könner steuern ihre Boote in die Rückwasser nach den Kurven, paddeln wieder heraus und lassen sich von der Strömung nochmals mitnehmen. Dieses Spiel muss man allerdings beherrschen.

Von einer Brücke herunter winken Wanderer den «Bötlern» zu. Auf zahllosen Steinbänken lagern Familien an rauchenden Feuerstellen. Kinder planschen am seichten Flussufer. Fischern, die hie und da, knietief im Wasser stehend, ihre Fliegenruten schwingen, weichen wir selbstverständlich respektvoll aus. Als Orientierung taucht ein kleines Rinnsal auf, das von rechts her einmündet und nach einem Blick auf unsere Karte als Necker identifiziert wird. Bald danach die hoch über dem Fluss thronende Kirche von Lütisburg. Grösste Aufmerksamkeit – mit langen Hälsen – erfordert es dann aber, die beste Durchfahrt zwischen den vielen Bollensteinen zu finden. Dann gleiten wir unter der alten gedeckten Holzbrücke durch; danach wieder herrlicher «Naturslalom» zwischen den Steinen. (Bei geringer Wasserführung müssen hier die Boote oftmals durchs seichte Wasser gezogen werden.)

Das langsamer fliessende Wasser zeigt uns die einzige Staustrecke auf dem Fluss, ein unfahrbares Wehr, an. Unmittelbar davor, bei der Strassenbrücke Bazenheid–Unterrindal, ziehen wir Boote und Bagage ans Ufer und umtragen hundert Meter. Das Wiedereinsetzen auf den runden rutschigen Nagelfluhfelsen bereitet nochmals etwas Mühe.

Geschafft. Und in flotter Fahrt geht es weiter; doch bald kommt die zweite Schikane. Am Ende einer grossen Linkskurve, mit einer hohen Felswand auf der rechten Seite, erwartet uns der sogenannte Indianerkatarakt. Vorsichtig pirschen wir uns an die Stelle heran. Badende, die sich auf den Uferfelsen sonnen, blicken gespannt flussaufwärts zu unseren Booten. Selbstverständlich möchten wir ihnen mit einer eventuellen Kenterung keinen Anlass zum Lachen geben, landen links an und sehen uns die Schnelle an. Sie verdient wohl kaum den Namen Katarakt; so beschliessen wir, dass die Kajaks und der Schlauchkanadier fahren. Und schwupps geht's durch die spritzenden Wellen – ohne Kenterung und mit Applaus der Zuschauer.

Die dritte Schikane, am Ende unserer Bootsfahrt, lassen wir allerdings aus; wir überlassen diese Experten und Könnern. Die «unfahrbare» Strecke liegt unter der Eisenbahnbrücke, die hoch über dem Fluss schwebt, und nach der folgenden Strassenbrücke: zuerst eine Schnelle und dann ein kleiner Wasserfall, mit einer Tafel angekündigt. Wir ziehen die Boote links vor der er-

Hoppla – das ging schief. Auch Könner können kentern. Auf einfachen Flüssen genügt es, wenn nur eine Person Erfahrung mitbringt.

sten Brücke ins seichte Wasser und treideln sie bis unter die zweite Brücke. Die ganze Bagage wird eine steile Treppe hochgeschleppt – bis vors Restaurant «Schwarzenbacher Brücke». Den «Kafi Brüggli» haben wir redlich verdient.

Leicht bis technisch anspruchsvoll, auch für Schlauchboote – durch ein südliches, voralpines Tal im Tessin

Weingärten unter Gletscherschliffen

An- und Rückreise
Mit den SBB bis Biasca (□600) und ab Giubiasco (□632, 600) . Lange Distanzen zur Ein- und Ausbootstelle. Mit dem Auto: Bis Biasca/Iragna (P), Parkplätze bei Arbedo (nach der Schnelle, schwer zu finden).

Fahrzeit
Biasca–Arbedo-Schnelle rund 3 Stunden (18 km). Bis Giubiasco 1 Stunde länger.

Flusscharakter
Mässig, nach der Schneeschmelze (ca. Mai) schnell fliessender Fluss mit zahlreichen Steinbänken. Arbedo-Schnelle bei guter Wasserführung hohe Wellen. Wasser sauber, kalt.

Befahrbarkeit
Frühling bis Vorsommer. Im Hochsommer ist wegen der Wasserabgabe der Kraftwerke die Wasserführung in der Regel an Werktagen und vormittags besser.

Picknick/Camping
Viele Möglichkeiten am Ufer. Campingplätze in Claro, Arbedo und Roveredo GR.

Orientierung
Karte der Landestopographie, Blätter 266 Valle Leventina und 276 Valle Verzasca, 1:50 000.

Sehenswertes
Bellinzona und Kirche SS. Pietro e Paolo bei Biasca.

Camping und Reisen – in der Schweiz und im Ausland – machen das Kanufahren doppelt interessant.

METZELER indio S
TRIP

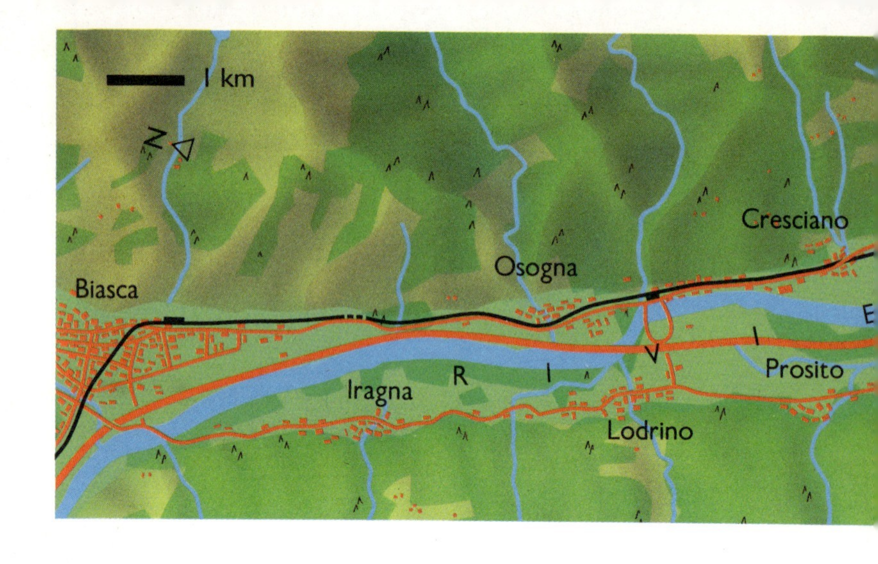

Ein verlängertes Wochenende und die dank der Schneeschmelze in den hohen Lagen gute Wasserführung verlocken zu einer Kanufahrt im Tessin. Bei der Brücke Biasca–Iragna lassen sich die Kanus und Boote leicht aufs Wasser setzen – und los geht die Fahrt. Steile Zwei- und Zweieinhalbtausender mit von Gletschern verschliffenen kahlen Wänden flankieren die Riviera, wie der Abschnitt des Tessintals zwischen Biasca und Castione heisst. An die Riviera, mit der wir unwillkürlich Wärme und subtropische Vegetation assoziieren, erinnern hier zumindest kleine Weingärten. Allerdings: Allzuviel Zeit zum Träumen und Ausblicken bleibt uns nicht; gefragt ist Voraussicht, um die geeignete Durchfahrt zwischen Kiesbänken ansteuern zu können. Auf einen bis zu den Oberschenkeln im Wasser stehenden Fischer nehmen wir selbstverständlich Rücksicht, indem wir ihn in einem grossen Bogen umschiffen. In eleganten Schwüngen setzt der «pescatore» die Mücke aufs Wasser. Er ist, wie er uns rufend antwortet, auf «trote», auf Forellen, aus. Dann sind wir wieder allein, gleiten auf dem lei-

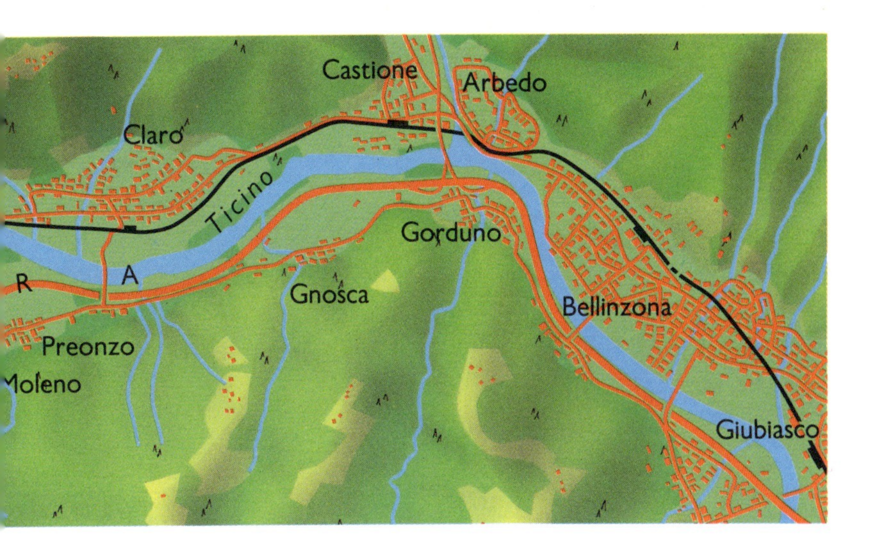

Einstieg bei der Brücke Biasca–Iragna. Ausstieg in Giubiasco (Bahnanschluss nach Bellinzona) oder links nach der Arbedo-Schnelle (P). Die Schnelle bei Lodrino muss vorher besichtigt und von Anfängern umtragen werden.

se rauschenden Wasser durch Auenwälder. Unterhalb Lodrino wird das Rauschen stark und stärker – wir nähern uns der Schnelle, etwa hundert Meter nach der Betonbrücke. Wir landen, rekognoszieren die Stelle, und die Anfänger tragen um. Bloss ein mit allen Wassern gewaschener Steuermann wird den fünf Meter langen Schlauchkanadier durch die Schnelle lenken. Diese Massarbeit, mit wippendem Kahn zwischen den Steinen durchzufahren, ist eine «Show». «Wie im Grand Canyon!» entfährt es einem Zuschauer.

Weiter und weiter, und laut Landkarte wahrscheinlich schon an Cresciano vorbei. Während man vom Auto aus die Gegend anhand von Strassensignalen, Kurven, Tankstellen und Beizen aus dem Effeff kennt, muss man sich auf dem Wasserweg anhand von Landschaftsbild und Karte orientieren. Da erscheint links auf einem Felsen über einem auf einem Bachdelta gelegenen Dorf eine Klosteranlage: Claro.

Das Tal wird weiter, der Ticino (der Name soll keltischen Ursprungs sein und «Schnellfliessender» bedeuten) rapider. Und die bei Castione/Arbedo einmün-

Im Frühling, bis Anfang Juni, liegt auf dem Pizzo di Claro (links) immer noch Schnee.

dende Moesa sorgt für zusätzliche Strömung. Zugleich hat uns die Zivilisation endgültig wieder: Eine Eisenbahn- und eine Strassen- sowie zwei Autobahnbrücken präsentieren sich hier aus der Schifferperspektive als «Spaghettiknopf». – Ein Rauschen kündigt die Arbedo-Schnelle an. Wir haben abgemacht, dass alle Kähne die Schnelle fahren. Da gilt es nun, sich rechtzeitig zu konzentrieren und einzuspuren, um die einfachere, die rechte Durchfahrt anzusteuern und zu passieren. Das Wasser schäumt und zischt. Der Bug weist in den Himmel. Gischt sprüht ins Gesicht und ins Boot. Durch den Wassernebel die Rufe des Steuermanns: «Nöd ufstaa! Nöd ufstaa!» Wie auf einer Berg-und-Tal-Bahn reiten wir durch die Fluten. Sekunden dauert's und ergibt doch in der Erinnerung einen langen und an Details reichen «Film». Gemütlich gleiten wir weiter, schütteln das Wasser aus dem Tenü und schöpfen die Boote trocken. (Achtung: ca. 500 Meter nach der Schnelle steht eine nur bei Niedrigwasser sichtbare Eisenbahnschiene mitten im Fluss.) Am nächsten beim Fluss liegt die Station Giubiasco.

Die ca. 15 Kilometer lange Weiterfahrt bis in den Lago Maggiore ist ohne weiteres möglich; der Fluss ist jedoch gradlinig fliessend und in Dämme gezwängt.

Flüsse als Geschiebetransporteure

Flussdeltas wachsen in unterschiedlichem Mass. Während das Ticino/Verzasca-Delta ein eher unterdurchschnittliches Wachstum verzeichnet, scheint das Maggia-Delta in den vergangenen Jahrzehnten, trotz neuerrichteter Speicherbecken (die in der Regel den Geschiebetransport verhindern), überdurchschnittlich zugenommen zu haben.

Die Gründe für dieses Verhalten sind noch nicht restlos geklärt, teilweise aber sicher auf die bereits vorgenommenen, den Geschiebehaushalt verändernden Hochwasserschutzmassnahmen zurückzuführen, dann aber auch auf das unterschiedliche mittlere Gefälle sowie die verschiedenartigen Bodenverhältnisse der Einzugsgebiete.

Die Transportleistung der Fliessgewässer ist grösser, als man in der Regel annimmt: So wächst etwa das Rheindelta im Bodensee jährlich um 2 bis 3 Mio. Kubikmeter. Die Maggia bringt es auf durchschnittlich 325 000 Kubikmeter pro Jahr, was einem Abtrag des Einzugsgebiets von 0,4 mm entspricht. Ticino und Verzasca transportieren zusammen fast ebensoviel, nämlich rund 300 000 Kubikmeter jährlich, zu ihrem gemeinsamen Delta. Legt man auch hier das (grössere) Einzugsgebiet zugrunde, so wird es pro Jahr im Durchschnitt lediglich um 0,2 mm niedriger. Immerhin: Würde die Maggia ihr Geschiebe kontinuierlich in den Langensee befördern, entspräche dies einer Menge von fast 1000 Kubikmeter (Gewicht: etwa 2500 Tonnen) pro Tag und damit einem Würfel von gegen 10 m Kantenlänge. Tatsächlich wird der überwiegende Teil der Fracht aber hauptsächlich stossweise, das heisst bei Hochwasser, «herangeschafft».

Für Kanadier mit Spritzdecke und Schlauchkanadier – nur für Erfahrene mit spezieller Wildwasserausbildung

Die lohnendsten Wildwassertouren

Schwierigkeitsgrad: Im wesentlichen gelten alle Punkte wie im vorderen Teil (siehe Seite 22ff.). Die folgenden Flüsse entsprechen der internationalen Wildwasserskala Grad III. Das heisst: hohe, unregelmässige Wellen; grössere und längere Schwälle; Walzen, Wirbel, Pilze; ausgeprägte Prallwasser an Hindernissen; leichte Stufen und kurze Verblockung; Strömung kann unter Büsche und Äste ziehen; Fahrroute nicht immer leicht erkennbar. (Nur wenige Stellen, die anzusehen sind, entsprechen Grad IV.) Bei hohem Wasserstand kann sich der Grad nach oben verschieben.

Alle in diesem Führer erwähnten Flüsse sind – mit dem nötigen Können – selbstverständlich auch mit Kajaks befahrbar.

Ausrüstung: Am besten sind Schlauchkanadier, da sie nach einer Kenterung problemlos geborgen und geleert werden können. Nur bei Niedrigwasser sind starre Kanadier mit Spritzdecke bedingt einsetzbar. Helm und Schwimmweste sind selbstverständlich. Kinder haben auf diesen Flüssen nichts verloren.

Ausbildung: Geführte Touren (siehe Seite 9f.) beinhalten eine kurze Ausbildung in der Handhabung des Bootes und im Verhalten auf Fliessgewässern. Für die beschriebenen Flüsse sind jedoch Erfahrung und Ausbildung unabdingbar. Folgende Anbieter führen mehrtägige Kanadierkurse auf Wildwasser durch:
- Aventura Travel, Uster, Tel. 01/940 17 01
- EXODUS, Chur, Tel. 081/252 47 94
- Kanuschule Versam, Tel. 081/645 13 24
- Waldmeier Kanusport, Mumpf, Tel. 062/873 11 49

Durch das eindrückliche «Räbloch». Das «Räbloch» bildet eine grandiose Schlucht mit bis zu 60 Meter hohen Felswänden, die einen Abbruch der Fahrt verunmöglichen. Ist der turbulente Eingangskatarakt geschafft, kann im Frühling ein hängender Eispfropf die Fahrt behindern (vom Eingang aus sichtbar). Zwei weitere Schluchtstellen haben zum Teil nur Bootsbreite, sind aber sehr ruhig. Enge Kurven mit überhängenden Felswänden erfordern technisches Können. Wegen Wassermangels nur selten mögliche Fahrt.

An- und Rückreise
Mit den SBB bis Wiggen (□460), Postauto bis Schangnau (□460.50), und mit dem Autobus ab Eggiwil (□460.15), SBB ab Langnau (□441, 460). Mit dem Auto: Auf der Schallenbergstrasse nach der Flussbrücke rechts zwischen zwei Bauernhäusern (langsam fahren) zum «Räbloch» (Einstieg, P). Ausstieg bei der Sorbachbrücke (P) oberhalb Eggiwil. Bergige Strecke beim Autoverstellen per Velo.

Fahrzeit
Räbloch–Sorbachbrücke rund 1½ Stunden (7 km).

Flusscharakter
Schmaler, schnellfliessender Bach mit drei engen Schluchtstücken; zahlreiche enge Kurven. Wasser oft durch Sand und Erde getrübt, kalt.

Befahrbarkeit
Nur bei der Schneeschmelze (ca. April/Mai, am besten am Nachmittag) und nach starken Regenfällen (Auskunft im Rest. «Kemmeribodenbad», Tel. 034/493 77 77).

Picknick
Beim Ein- und Ausstieg.

Orientierung
Karte der Landestopographie, Blatt 244 Escholzmatt, 1:50 000.

Sehenswertes
Bauernhäuser in Schangnau und Eggiwil, Restaurant und ehem. Heilbad «Kemmeribodenbad».

Im abgelegenen Entlebuch. Die Fahrt auf der Kleinen Emme, im hügeligen Luzerner Hinterland, ist mangels genügend Wasser nur selten möglich. Dafür wird man in der teils mit Nagelfluhwänden und dichtem Wald eingefassten Schlucht mit vielen «Spiel»-Stellen belohnt. Zwei anspruchsvolle Stellen mit schönen Walzen und Strömungen sollten besichtigt werden. Der «Schlitz» im unteren Teil ist unfahrbar – und kann links leicht umtragen werden. Eine Befahrung ist vor allem in Zusammenhang mit der Grossen Emme praktisch. Die Bahnlinie direkt im Flusstal erleichtert An- und Rückreise sowie das Autoverstellen.

An- und Rückreise
Mit den SBB bis Hasle (□460) und ab Station Doppleschwand/Romoos. Mit dem Auto: Zur Flussbrücke Hasle (P) und ab Brücke Doppleschwand/Romoos (Ausstieg, P). Bergige Strecke fürs Autoverstellen mit dem Velo; Bahnbenützung günstig.

Fahrzeit
Hasle–Brücke Doppleschwand/Romoos: 1½ Stunden (5½ km).

Flusscharakter
Mässig breiter und schnell fliessender Fluss mit zwei anspruchsvolleren Stellen (ansehen). Eine Stelle unfahrbar. Offene, übersichtliche Durchfahrten. Wasser mässig sauber und kalt.

Befahrbarkeit
Nur während der Schneeschmelze (ca. April/Mai, nachmittags); später nur nach starken Regenfällen.

Picknick
Viele Möglichkeiten am Ufer.

Orientierung
Karte der Landestopographie, Blatt 234 Willisau, Blatt 244 Escholzmatt, 1:50 000.

Sehenswertes
Entlebucher Bauernhäuser.

Auf dem interessantesten Schweizer Fluss. Das Hochtal des Engadins wartet mit den schönsten und zugleich schwersten Schluchtstrecken der Schweiz auf. Die leichteste ist diejenige von Punt Nova bis Susch. Die weitere Strecke bis Giarsun ist eine einmalige «Spiel»-Strecke – bei hohem Wasserstand aber mit Vorbehalt zu befahren. Vom Ausstieg bei der Giarsun-Brücke muss das Boot ins Dorf getragen werden (15 Min., Fahrverbot unbedingt beachten). Die Strecke Scuol–Martina ist seit dem Kraftwerkbau nur bei genügend Wasser für Schlauchkanadier möglich, stellt aber höhere Anforderungen.

An- und Rückreise
Mit der RhB bis Zernez (□960) (Einstieg) und ab Susch, Lavin, Giarsun (Ausstiegsmöglichkeiten). Mit dem Auto: Bis Punt Nova (Brücke zwischen Breil und Zernez, P). Parkmöglichkeiten Ausstiege: 500 m unterhalb Susch, 500 m oberhalb Lavin (nicht im Dorf), bei Giarsun (beschränkt).

Flusscharakter
Breiter, mässig schnell fliessender Fluss mit leichter Verblockung, ab Susch anspruchsvoller. Offene, übersichtliche Durchfahrten. Wasser sauber, kalt.

Fahrzeit
Punt Nova–Susch rund 2 ½ Stunden (11 ½ km), Susch–Giarsun rund 1 ½ Stunden (6 km).

Befahrbarkeit
Punt Nova–Susch während der Schneeschmelze (ca. Juni/Juli). Susch–Giarsun bis in den Herbst. Bei intensiver Schmelze oder nach Regenfällen Wasserwucht.

Picknick/Camping
Viele Möglichkeiten am Ufer. Campingplätze in Susch und Sur En (unterhalb Scuol).

Orientierung
Karte der Landestopographie, Blatt 259 Ofenpass und Blatt 249 Tarasp, 1:50 000.

Sehenswertes
Engadiner Dörfer.

In einem südlichen Alpental. Auf der Alpensüdseite gelegen, lockt die Moesa im Frühling an die Wärme. Die hohen, dichtbewaldeten Berghänge des Misox bilden die Kulisse auf der Fahrt durch das breite Tal. Bei Wasserwucht bilden sich rassige, hohe Wellen (vor allem in der Arbedo-Schnelle auf dem Ticino). Nur bei niedrigem Wasserstand kann mit Schlauchkanadiern schon beim Kraftwerk Norantola gestartet werden (zum Teil starke Verblockung, starkes Gefälle). Eine schräge, gemauerte Rutsche nach der Autobahnbrücke unterhalb Roveredo sollte für die beste Durchfahrt erkundet werden.

An- und Rückreise
Vorzugsweise mit dem Auto (öffentliche Verkehrsmittel kompliziert): Bis Cama (Einstieg, P) und ab Arbedo (Ausstieg, P nach der Schnelle, schwer zu finden).

Fahrzeit
Cama–Arbedo rund 2 ½–3 Stunden (14 km).

Flusscharakter
Breiter, mässig schnell fliessender Fluss mit stellenweise mässiger Verblockung. Offene, übersichtliche Durchfahrten.

Befahrbarkeit
Während der Schneeschmelze (ca. Mai/Juni, am Wochenende am besten über die Mittagszeit), im Hochsommer nur werktags (kraftwerkabhängig). Nach Regenfällen erhöhte Wasserwucht. Wasser sauber, bis Vorsommer kalt.

Picknick/Camping
Viele Möglichkeiten am Ufer. Campingplätze in Roveredo und Arbedo.

Orientierung
Karte der Landestopographie, Blatt 277 Roveredo, 1:50 000.

Sehenswertes
Bellinzona.

Auf einer Weltmeisterschaftsstrecke. Das Muotatal ist ein breites, flaches, von hohen Bergen eingefasstes Bergtal. Bestens bekannt ist die Muota durch die Kanuweltmeisterschaften im Jahre 1973. Deshalb wird ihr Schwierigkeitsgrad auch überschätzt. Die schwerste Stelle ist die Passage des berüchtigten «Muotasteins» (von der Strasse einsehbar, kurz vor der ersten Flussbrücke). Über weite Strecken bildet der Fluss Schwälle und Walzen. Bei der Weiterfahrt in den Stausee bei hohem Wasserstand Walze mit Rücklauf nach der Brücke vor dem See.

An- und Rückreise
Mit den SBB bis und ab Schwyz (□600), Autobus bis Hinterthal und ab Schlattli (□600.16). Mit dem Auto: Bis zum Fussballplatz oberhalb Muotathal (Einstieg, P) und ab Holzlager zwischen Ried und Schlattli, kurz vor dem Stausee (Ausstieg, P).

Fahrzeit
Fussballplatz–Holzlager rund 1½ Stunden (8 km).

Flusscharakter
Mässig breiter, schnell fliessender Fluss mit wenigen verblockten Stellen. Offene, übersichtliche Durchfahrten. Wasser sehr sauber, sehr kalt.

Befahrbarkeit
Dienstag bis Freitag 9–17 Uhr (Fischerabsprache). Nach der Schneeschmelze (ca. Mai/Juni) gute Wasserführung; nach Regenfällen starke Wasserwucht. Ab Sommer nur an Werktagen, evtl. Samstag (kraftwerkabhängig, Auskunft über Tel. 041/830 11 77).

Picknick
Gute Möglichkeit bei Ein- und Ausstieg und beim «Muotastein».

Orientierung
Karte der Landestopographie, Blatt 246 Klausenpass, 1:50 000.

Sehenswertes
Dorfplatz Schwyz und Tellmuseum.

Fahrt durchs Oberwallis. Der Furkatunnel von Realp bis Oberwald ist für Bahn- und Autobenützer eine schnelle Verbindung ins abgelegene Obergoms. Das breite südliche Alpental mit hochaufragenden Bergen und seinen von der Sonne gegerbten Bauernhäusern begleiten die Flussfahrt wie eine Postkartenidylle. Bis zur Brücke Niederwald sollten nur gut Geübte fahren (Strecke evtl. vorher besichtigen). Verbindungen mit leichteren Fahrten im Rhoneunterlauf (s. Seite 91), der Saane (s. Seite 126) und der Furkareuss (s. Seite 73) sind gut kombinierbar.

An- und Rückreise
Mit der FOB bis Oberwald (□610) und ab Niederwald (Blitzingen). Mit dem Auto: Bis Oberwald (Einstieg, P) und ab Blitzingen oder Niederwald (Ausstiege, P).

Fahrzeit
Oberwald–Niederwald rund 2 ½ Stunden (17 km); bis Blitzingen 15 km.

Flusscharakter
Mässig breiter und schnell fliessender Fluss; bis Ulrichen kanalisiert, mit einigen Blockschnellen. Wehr in Glurlingen. Vor dem Ausstieg in Niederwald anspruchsvolle Strecke mit starkem Gefälle. Wasser mässig sauber, kalt.

Befahrbarkeit
Oberwald–Glurlingen von der Schneeschmelze (ca. Mai) bis in den Herbst; bis Niederwald bei guter Wasserführung bis August (reguliert). Bei starker Schmelze und nach Regenfällen erhebliche Wasserwucht.

Picknick/Camping
Viele Möglichkeiten am Ufer. Campingplätze bei Reckingen und nach der Brücke nach Grengiols (unterhalb Fiesch).

Orientierung
Karte der Landestopographie, Blatt 265 Nufenenpass, 1:50 000.

Sehenswertes
Obergommer Dörfer.

Im Saanenland über die Sprachgrenze fahren. Durch das prächtige Hochtal mit den Diablerets im Talabschluss verläuft die Sprachgrenze zwischen Deutsch und Welsch. Nach anfänglich gemächlicher Fahrt und einer kanalisierten Strecke unterhalb von Saanen durchläuft der Fluss eine schöne Schlucht, deren Ende eine rund 100 Meter lange Klamm mit turbulentem Wildwasser bildet (von der Strassenbrücke Les Granges–Gérignoz einzusehen). Die anschliessende «S»-Kurve ist vorher zu besichtigen (unmittelbar am Klammende rechts landen, evtl. umtragen). Bei einer eventuellen Weiterfahrt bis Rosinière muss eine weitere, anspruchsvollere Klamm befahren (oder mühsam umtragen) werden.

An- und Rückreise
SBB bis Spiez (□300, 301, 310), SEZ bis Zweisimmen (□320), MOB bis Saanen (□ 120). Postauto ab Les Moulins(□ 124.10), MOB ab Château-d'Œx (□ 120). Mit dem Auto: Bis Saanen (Einstieg, P) und ab Brücke Les Moulins–Château-d'Œx (Ausstieg, P).

Fahrzeit
Saanen–Les Moulins rund 2 ½ Stunden (13 km).

Flusscharakter
Schmaler, teilweise schnell fliessender Fluss. Wasser sauber, kalt.

Befahrbarkeit
Nach der Schneeschmelze (ca. Mai/Juni), später nur an Werktagen (reguliert, Auskunft KW Sanetsch, Tel. 033/755 11 67). Bei intensiver Schmelze und nach starken Regenfällen schnell fliessend.

Picknick/Camping
Viele Möglichkeiten am Ufer. Campingplätze in Gstaad, Saanen und bei Château-d'Œx.

Orientierung
Karte der Landestopographie, Blatt 263 Wildstrubel, Blatt 262 Rochers de Naye, 1:50 000.

Sehenswertes
Saanen, Château-d'Œx.

Imposante Schlucht im Schwarzenburgerland. In einer einsamen Gegend fliesst die Sense mit vielen Windungen durch eine tiefe, dichtbewaldete Schlucht mit Sandsteinfelsen. Zahlreiche, beinahe rechtwinklige Kurven machen die wegen Wassermangels selten mögliche Fahrt durch das Naturschutzgebiet spannend und abwechslungsreich. Weiterfahrt bis zur Schwarzwasserbrücke (steiler, 15minütiger Ausstieg) oder Thörishaus bei genug Wasser möglich.

An- und Rückreise
Vorzugsweise mit dem Auto (öffentliche Verkehrsmittel kompliziert): Bis zur Guggersbachbrücke (Einstieg, P) zwischen Kalchstätten und Zumholz und ab Ruchmüli-Brücke (Ausstieg, P) zwischen Lanzenhäusern und Albligen. Bergige Strecke beim Autoverstellen mit dem Velo.

Fahrzeit
Kalchstätten–Lanzenhäusern rund 2 ½ Stunden (14 km); bis Sodbachbrücke zwischen Schwarzenburg und Heitenriet rund 2 Stunden (10 km).

Flusscharakter
Schmaler, mässig schnell fliessender Fluss in einem breiten Kiesbett; zahlreiche rechtwinklige Kurven. Wasser sauber, kalt.

Befahrbarkeit
Nur bei der Schneeschmelze (ca. April/Mai) und nach starken Regenfällen (Auskunft beim Rest. «Sensestrand», Thörishaus, Tel. 031/889 06 40).

Picknick/Camping
Viele Möglichkeiten am Ufer (Naturschutzgebiet). Campingplatz in Thörishaus.

Orientierung
Karte der Landestopographie, Blatt 253 Gantrisch, 1:50 000. Wegen Schiessbetriebs kann der Abschnitt zwischen Sodbach- und Ruchmüli-Brücke an Werktagen gesperrt sein (Auskunft tagsüber: Tel. 031/324 44 68 oder 077/52 03 13).

Sehenswertes
Schwarzenburg.

Im behäbigen Simmental. Eine Befahrung der Simme lohnt sich vor allem in Zusammenhang mit anderen Berner Flüssen (z. B. Saane). Die behäbigen Bauernhäuser, gedeckten Holzbrücken und hohen Berge mit Alpwiesen und Felsgipfeln bilden eine herrliche Kulisse auf der Flussfahrt durchs schmale Simmental. Die anspruchsvollste Strecke beginnt bei der Brücke beim «Heideweidli»; eine Blockstufe weiter oberhalb ist ebenfalls von der Strasse aus einsehbar.

An- und Rückreise
Mit den SBB bis Spiez (□300, 301, 310), SEZ bis Boltigen (□320) und ab Kraftwerk Erlenbach (□320). Mit dem Auto: Zur neuen, gedeckten Holzbrücke Boltigen (Einstieg, P). Ausstieg 100 m vor dem Wehr Erlenbach (P, 15 Min. zum Bahnhof).

Fahrzeit
Boltigen–Erlenbach rund 2 ½ Stunden (15 km); bis Holzbrücke Weissenburg (P) 9 km, rund 1½ Stunden.

Flusscharakter
Schmaler, mässig schnell fliessender Fluss mit dicht bewaldeten Ufern und stellenweise mässiger Verblockung. Offene, übersichtliche Durchfahrten. Wasser von Schwemmsand getrübt, kalt.

Befahrbarkeit
Nach der Schneeschmelze (ca. Mai/Juni); nach starken Regenfällen schnell fliessend. Ab Sommer mässige Wasserführung (Auskunft Rest. «Heideweidli», Tel. 033/783 11 28).

Picknick/Camping
Bei den Ein- und Ausbootstellen, Campingplätze in Weissenburg und beim Rest. «Heideweidli» (an Strasse und Fluss, bei Oberwil) .

Orientierung
Karte der Landestopographie, Blatt 253 Gantrisch, 1:50 000.

Sehenswertes
Simmenfälle (oberhalb Lenk) und Simmentaler Dörfer.

Durch den Grand Canyon der Schweiz. Die Vorderrheinschlucht ist eine der imposantesten und schönsten Schluchtstrecken der Schweiz. Die steilen, hohen Kalksteinfelsen des Flimser Bergsturzes sind daher auch ein starker touristischer Anziehungspunkt z. B. für Riverrafting. Die Bahn führt direkt durch die Schlucht, mit ihr können die Boote transportiert werden. Schwierigste und attraktivste Stelle ist das «Schwarze Loch», eine Stromschnelle, die vorher besichtigt werden sollte. Eine gefährliche Stelle nach dem Einfluss der Rabiusa auf der rechten Seite wurde unterdessen gesprengt.

An- und Rückreise
Mit der RhB bis Ilanz (□920) und ab Reichenau (starre Kanadier und Kajaks können transportiert werden). Mit dem Auto: Bis und ab Reichenau (Parkkarten bei Bahnbenützung). Ein- und Ausstieg in Bahnhofnähe.

Fahrzeit
Ilanz–Reichenau rund 2 ½–3 Stunden (21 km); bis RhB-Station Versam 11 km (rund 1 ½–2 Stunden).

Flusscharakter
Breiter, schnell fliessender Fluss mit mässiger Verblockung. Offene, übersichtliche Durchfahrten. Wasser sauber, kalt.

Befahrbarkeit
Ganzjährig befahrbar (ausser im Hochwinter). Bei der Schneeschmelze (ca. Mai/Juni) und nach starken Regenfällen erhöhte Wasserwucht. Ab Sommer mässige Wasserführung (reguliert, bester Wasserstand ab Mittag bis früher Nachmittag).

Picknick/Camping
Viele Möglichkeiten am Ufer. Campingplätze in Chur und Trun.

Orientierung
Karte der Landestopographie, Blatt 256 Disentis, 1:50 000.

Sehenswertes
Dorfkern Ilanz, Kloster.

25 Skitouren

Kombinierte Winterausflüge mit Familien oder Gruppen

In diesem handlichen Führer stellt Reinhard Lutz 25 attraktive Skitouren vor und beschreibt die benachbarten Skigebiete. So kommen die Tourengänger auf ihre Rechnung, aber auch Pistenfahrer, Langläufer, Schlittler und Spaziergänger.

Die leichten, mittleren und anspruchsvollen Skitouren sind ausführlich beschrieben und mit Fotos und einer grafisch gestalteten, farbigen Streckenkarte illustriert. Die stichwortartige Übersicht über An- und Rückreise, Schwierigkeitsgrad, Zeitbedarf usw. erleichtert die Planung.

176 Seiten, broschiert.